王様でたどるイギリス史

池上俊一 著

岩波新書 847

ELIZABETH I
HENRY VIII

はじめに

皆さんは、イギリス王室に関心がありますか。きっと、テレビに映るウィリアム王子とキャサリン(ケイト)妃、そして小さなジョージくんやシャーロットちゃんの愛らしい姿にくぎづけ、という人も多いことでしょう。

実際、テレビや雑誌などのマスメディアではイギリス王室が非常によく取り上げられ、視聴者や読者をグッと惹《ひ》きつけています。本国イギリスは言うまでもありませんし、旧大英帝国や現イギリス連邦(コモンウェルス)構成国家の人びとも、関心が高いのは理解できます。

しかし日本をはじめとする、地理的にも歴史的にも遠く離れた国々で、これほど注目されて愛される王族は、世界広しといえど他にないのではないでしょうか。華やかで気品があり、それでいてユーモアや愛嬌《あいきょう》もあって、愛されるのが当たり前とも言えますが、それにしてもちょっと不思議です。

世界中がイギリス王室に敬意を込めた愛情と好奇心を感じているのは、何よりイギリス国民がその範を垂れているからだと思います。そしてイギリス国民が愛しているのは、王子やその妃と子どもたち以上に、王様なのです。

たとえば二〇一二年六月三日、ロンドンでの女王エリザベス二世即位六〇周年祝典の一環たる「テムズ川ページェント」では、傘を手に雨靴を履いた何十万という人たちが土砂降りの雨をものともせず、六七〇艘《そう》のボートによる祝賀儀式が行われるテムズ川に向かってゾロゾロと歩く、熱に浮かされたような姿がありました。長命なエリザベス女王のこと、同様なシーンはすでに何度も繰り返されています。

近年のイギリスでは、王制を否定して共和制を選ぼうとする人は二割程度、大半のイギリス人は王制を守りたいと思っているようです。そこには女王の努力も大きかったはずで、首相や政府よりも失敗をしない女王に、本気で敵対する新聞その他のメディアはいなくなったのです。

しかしながら、このような王様人気はずっと不動だったわけではありません。エリザベス女王在位中だけでも、何回か危機がありました。最大の危機は一九九七年、庶民の憧《あこが》れのプリンセスだったダイアナ元妃が、不慮の自動車事故で他界したときでした。元妃に対する女王や王室の冷たい態度に、国民の怒りが爆発したのです。

まもなく女王は過ちを認めて国民に向けスピーチをし、ダイアナ妃の優しさや二人の王子への献身を称え、彼女に会ったことのある人もそうでない人も、彼女の姿を決して忘れないだろうと述べたのです。このスピーチは功を奏し、また王室の日々の努力もあって、エリザベス女王ばかりか、非難囂々《ごうごう》だったチャールズ皇太子も人気を回復しました。そしてますます「国民に親しまれる王室」になりました。

ヨーロッパの王室は二〇世紀に入ってつぎつぎ廃止されたり、形式化したりしてしまいましたが、イギリス王室は今も大きな存在感と人気を誇っています。なぜでしょうか？　その理由は、千数百年にわたる「歴史」を見ていくことではじめて明らかになるでしょう。ここでは、ずっと変わらない伝統と変わり続ける適応力の双方が鍵になります。

ところで、日本人にとってイギリス王室やイギリスという国が他の国々以上に親しみ深く感じられるとすれば、その理由のひとつに、日本の皇室とイギリス王室との長く親密な関係が挙げられるでしょう。明治以降、とりわけ日英同盟(一九〇二年)が結ばれてから、両王室・皇室はきわめて親密になり、おたがい訪問しあったり儀式に参加したりするだけでなく、日本の皇族がイギリスに留学するケースが多いことも、皆さんご存知と思います。

また、日本とイギリスが親《ちか》しく感じられるもうひとつの理由として「おなじ小さな島国でありながら先進国として世界を率いている」という誇りを共有し、また日本にとっては、この点でイギリスが最大のモデルであったことも見逃せません。それは明治時代にまで遡《さかのぼ》ります。時代が江戸から明治に入り、政府がしゃかりきになって近代化を進めようとしたとき、政治体制および教育制度の模範としたのが、他ならぬイギリスだったのです。

明治の知識人らは二院制の議会政治、立憲政治といった政治体制を日本で実現すべく、イギリスの議会を視察したり、関連する専門書を読んだり、その知識を広める書物を書いたりしています。経済面や社会インフラ、つまり鉄道や地下鉄整備なども、イギリスに範を垂れました。近代的知識と技術を直接授けてもらうために「お雇《やと》い外国人」と呼ばれる知識人たちもさまざまな国から日本に招かれましたが、圧倒的に多かったのはイギリス人でした。

日本の有為の若者たちは、来日するヨーロッパ人を待っていただけではありません。知識を世界に求めるべく、外国、とりわけイギリス各地(オックスフォード、ケンブリッジ、グラスゴーなど)に留学生として赴いたのです。要するに、日本の明治以後の富国強兵において、イギリスこそもっとも影響力が強く、産業、教育、軍事において模範となったのです。

このように日本と関係の深いイギリスですが、本書では、その主要な王の事績を中心にすえつつ、古代末期から現代までの政治・国制のしくみ、社会のあり方、そして庶民の生活文化などを明らかにしていきます。

ところで「イギリスの王室」とは、いつから語り始めたらよいのでしょうか。一〇六六年にフランスのノルマンディー地方を治めていたギョームがイングランド王ウィリアム一世として即位した「ノルマン・コンクェスト」による強力な王権の成立が印象深いかもしれません。

ですが、現王室の「血統」はそれより数百年前のウェセックス王家の血筋をひいているという説もありますし、社会や政治のしくみなどを考える場合、いわゆるアングロ・サクソン時代とその王たちの事績にも触れないわけにはいきません。ですから第一章では、ノルマン・コンクェスト以前の、アングロ・サクソン時代についてもお話しすることにしましょう。

もうひとつ注意したいのは、「イギリス」という言葉の曖昧《あいまい》性です。現在の「イギリス」という国は、正式名称を「グレートブリテン及び北アイルランド連合王国」と言い、イングランド、ウェールズ、スコットランド、北アイルランドという歴史的・民族的に成立事情の異なる四つの「国」でできています。しかもウェールズ、スコットランド、(北)アイルランドがイングランドと合併した時期も方式もそれぞれ大きく異なり、国王との関係もまた違っているので、じつに複雑です。

本書では、八四%の人口があって多数派と言えるイングランドを中心に歴史をたどりますが、他の三地域についても、その個別性やイギリスというひとつの国になるための苦難と努力に着目しながら、述べていくことにします。

イギリスのこの複雑な歴史のなかでも順調に発展していったように見えるのが、政治制度です。立憲君主制という際だって安定した政治体制がどのように作られ、制度として展開してきたかを解き明かすのは、世界史的視点でもとても大切なことです。

というのも、イギリスは議会制民主主義の祖国として、日本を含む世界中の政治の近代的あり方をいち早く実現していて、それにもかかわらず一見民主主義と相容《あいい》れないかのような王制を長く敷き、現在も国王を君主としていただいている王国でもあるからです。こうした憲政のあり方に王たちがいかに関わってきたか、それをつまびらかにするのも本書の目標です。

そしてもうひとつの目標は、歴史のなかで作られていった一般のイギリス人の生活や心模様を明らかにすることです。王と一般庶民は一見かけ離れているように見えますし、実際、そうした面も大きいのですが、じつは王の歴史をたどることは、とりもなおさずイギリス国民の歴史をたどることにほかならないと、私は思います。

イギリスは伝統的に貴族・階級社会で、民主的な世の中になった現在でさえ、そうした身分社会のなごりが、しきたりとして、感覚として、ずっと残っています。そして王室は、言うまでもなくかつても今も貴族階級の頂点に位置し、貴族階級の利害や活動の模範ですし、それを代表してきました。

しかし興味深いことに、イギリスの国民性を考えるとき、こうした階級差にもかかわらず、エリートとして国を率いてきた王やその周辺の人たちにも、庶民とおなじ性向がより先鋭的な形で現れていたことに気づかされます。それどころか、彼らが範を垂れて庶民に広まった事柄や性向は、じつにたくさんあるのです。

さらに王は、つねに庶民の動向や噂《うわさ》に敏感でした。とりわけ近代になってマスメディアが発達し、世論という要素が政治動向を決定するようになると、王は遠く離れて神秘化された存在であるよりも、良き家庭人としてその姿を知られるようになり、王室自体がますます庶民化しようと努めているかのようです。王室は戯画《ぎが》的なまでに、庶民の習俗や性向を象徴するものになっているのです。

ですから本書では、王を中心とした政治史・制度史の流れを追っていくだけではなく、これまでのイタリア、フランス、ドイツと続けてきた私の著作に倣《なら》って、イギリスの歴史に一貫して流れる文化や心性の特徴を、今や、イギリス人の代表ともいえる王様たちを通してあぶり出してみたいと思っています。

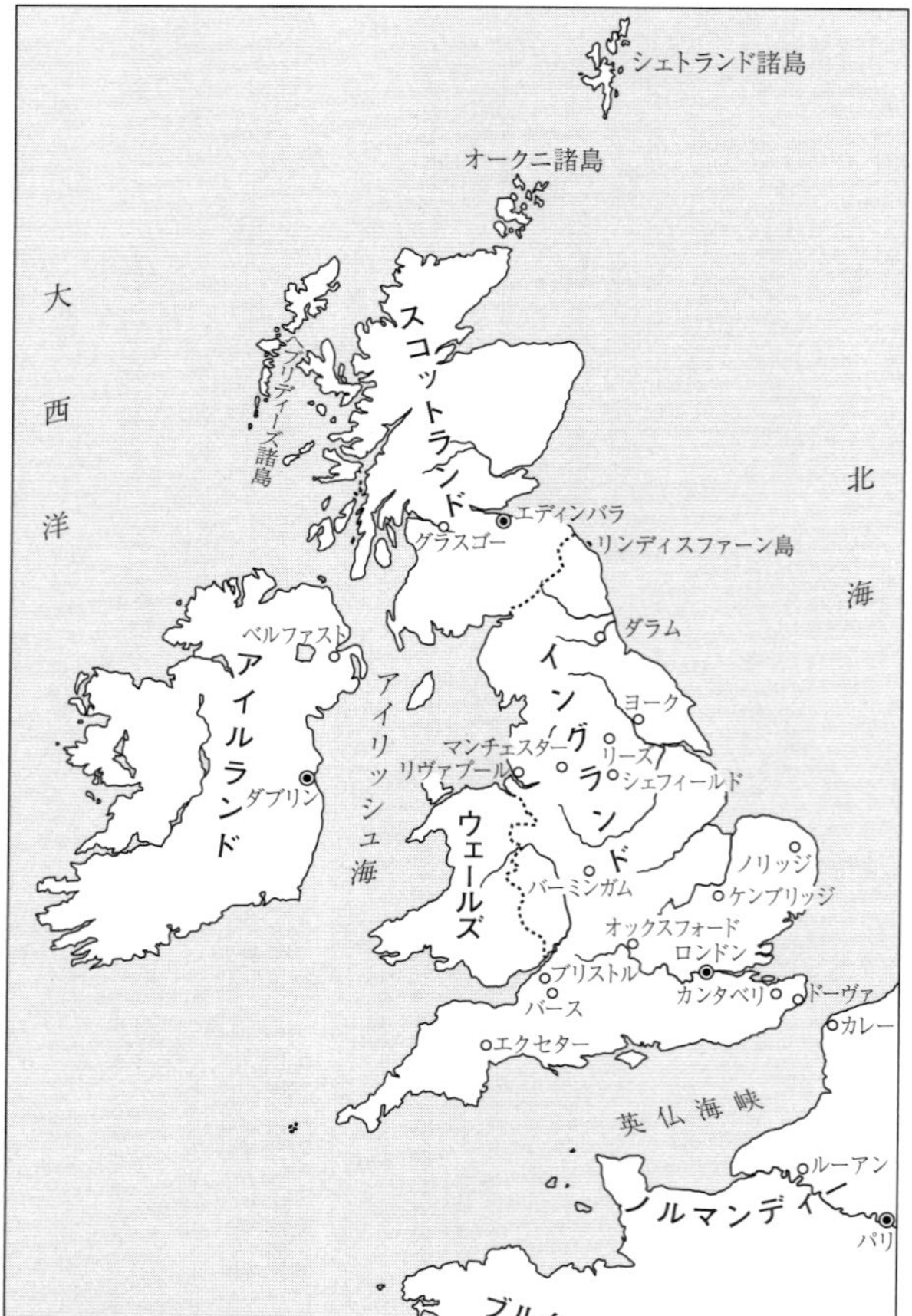

（近藤和彦『イギリス史 10 講』岩波新書，2013 より改変）

目次

もくじ

William I

Elizabeth I

Victoria

George III

James I

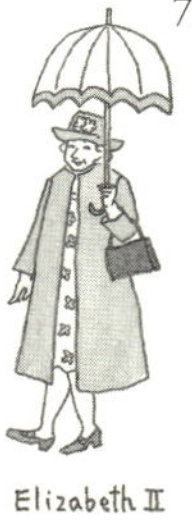
Elizabeth II

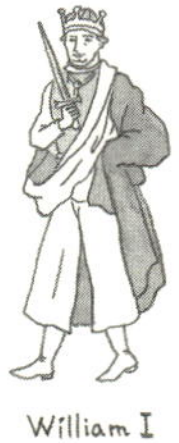
William I

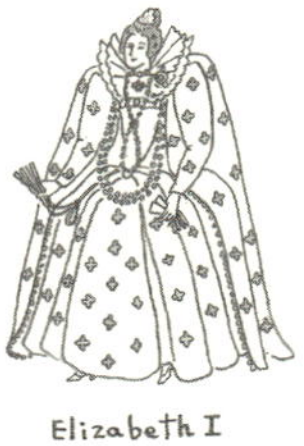
Elizabeth I

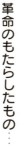

Victoria

George III

James I

Elizabeth II

William I

Elizabeth I

イラスト＝片塩広子

第 1 章

乱立する王国

アングロ・サクソン諸王からエドワード証聖王まで

──400 頃～1066 年──

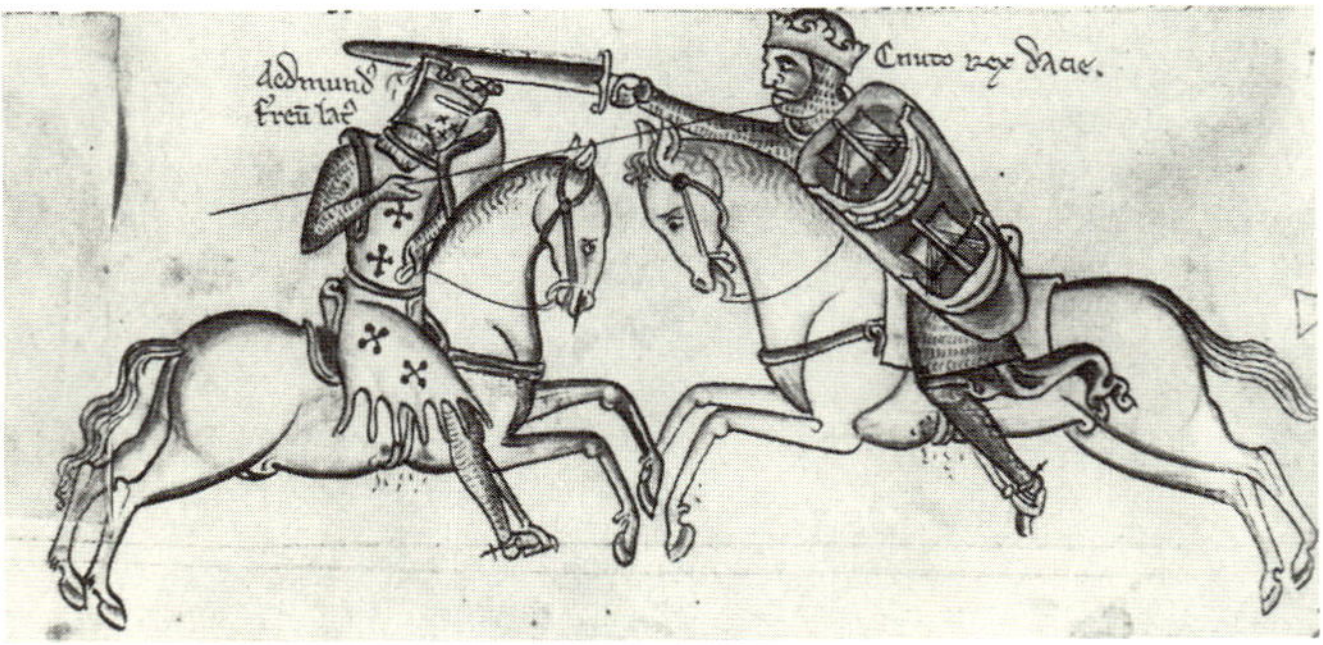

クヌート(右)とエドマンド．1016 年ディアハーストでの一騎討ち

ローマ人の撤退

これから王を中心にイギリス史を語っていきますが、先述した理由により、アングロ・サクソン時代から始めましょう。この時代にも王国がありイングランド各地に割拠《かっきょ》していましたし、イギリスの言語・文化・社会・宗教・政治などを考えるにも、初期中世の時代はかなり重要です。

イギリス(ブリテン諸島)には太古の時代から人が住んでおり、また紀元前二二〇〇年頃～一九〇〇年頃にはそこにビーカ人と呼ばれる戦士らが加わって、今も残る巨石記念物(ストーンヘンジなど)を残したことで知られています。

青銅器時代の末期、前七世紀になると、大陸からケルト人が渡来しました。この時代にイギリスにやって来た古いケルト人は「ブリトン人」と呼ばれます。その頃、ブリトン人は三〇ほどの部族に分かれていました。

続く鉄器時代には戦争が頻発《ひんぱつ》し、そのため多くの丘上要塞《きゅうじょうようさい》が作られました。住民の大半は農民でしたが、美しい工芸品を作る器用な職人もいました。

紀元前五五年と五四年、ローマのカエサルがブリテン島に侵出しケルト人を打倒しますが、急遽《きゅうきょ》属州ガリアに戻る必要が生じ、ローマ軍は年貢《ねんぐ》を納めることを条件に引き上げました。

しかし西暦四三年、クラウディウス帝のときにローマ軍は再び南東イングランドに上陸し、各地で優勢な戦いを繰り広げてケルト人を圧倒、ハンバー川からセヴァーン河口までを治めました。ローマ人はロンドン、ヨーク、バース、エクセター、リンカン、レスター、グロスター、マンチェスターなど現在も残る都市の基礎を作りましたし、道路を建設し、法律を導入したのも彼らでした。イギリス史におけるローマ的遺産は、かなり大きいと言わねばなりません。

一二二～三二年には皇帝ハドリアヌスが、自分たちの支配が及ぶところと及ばないところの境、すなわち現在のスコットランドとイングランドの間に長城を築きました。しかし三世紀半ばになるとローマは衰退し、ブリテン島の統治もおろそかになります。四世紀後半にスコットランドからピクト人とスコット人が南進し、そして大陸からはサクソン人たちも入ってきました。四一〇年、新たに軍を派遣する余裕などない西ローマ皇帝ホノリウスは、ブリテン諸都市に自主防衛することを命じ、事実上、ブリテン島におけるローマの支配は終わります。

こうして無政府状態のなか、諸部族に分かれていたブリトン人が争い始めます。その過程で、それぞれが北方のゲルマン人に助けを求め、かくして五～六世紀に現在のドイツ、南デンマークなどからゲルマン人の一派であるアングル人、サクソン人、ジュート人などがやって来ました。

内戦が終わってもゲルマン人らは立ち去らず、勝手に支配権を築きます。そしてケルト人らをウェールズやコーンウォルに押しやり、自分たちの王国を作りました。ケント(ジュート人)、エセックス、サセックス、ウェセックス(サクソン人)、そしてより北の方にはイースト・アングリア、マーシア、ノーサンブリア(アングル人)です。これらがいわゆる「七王国」(ヘプターキー)(図1-1)になり、七世紀初頭~九世紀半ばまでブリテン島を支配したのです。またブリテン島の長城から北にはアイルランドからスコット人がやって来て、王国を築きました。

七王国の時代

七王国で最も早期に成立したのはケント王国で、五世紀半ばのことでした。この国はウェセックスやエセックスなどと争って勝利し、とりわけエセルベルフト王(在位五六〇/五八五~六一六年)の頃、他国への支配を広げていきました。ケントが興隆できたのは経済的に恵まれた地方に拠点をおいており、ローマ時代の土台を継ぐことができたからだと考えられます。エセルベルフト王はキリスト教に改宗し、初の法典も作りました。

またアングル人の一部は、ブリトン人の土地を奪い、ヨーク中心に居を定めて六世紀半ばにデイラ王国を建てました。東イングランドでは、六世紀末までにアングル人とサクソン人が支配するようになりました。イースト・アングリアは、イングランドの最東部にできた国です。その初期の王として重要なのが、レドワルドでした。七世紀初頭、このレドワルド王とエドウィンというデイラ出身の亡命者、両者の連合軍がバーニシア王国（デイラ王国の北、現在のダラム州からフォース川までの地域を版図とする）軍のエセルフリスと戦を交えましたが、この戦いでは前者が勝利、亡命者だったエドウィンはめでたくデイラに戻ります。そしてバーニシアとデイラを統合してノーサンブリア王国を建設し、自ら国王になりました。

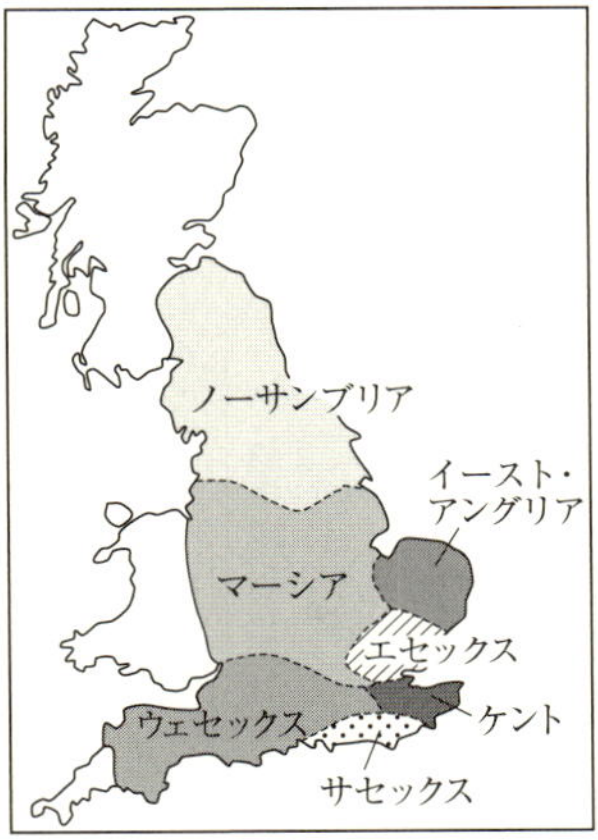

図 1-1　8世紀頃の七王国

しかしエドウィンはレドワルドに恩義を感じていたので、レドワルドはノーサンブリア王国をも支配し、アングロ・サクソン人の王国の盟主となりました。彼の死後、覇《は》権《けん》はエドウィンに移っていきます。六二五年にエドウィンはケントと同盟を結ぶとともに、マーシアを通って南下しウェセックスを圧伏、さらに支配領域を広げて覇王になりました。

その頃、ウェールズに接した内陸のマーシア王国がペンダ王のもと、力をつけていきました。そしてイースト・アングリアを圧倒するのみか、六三三年にはハットフィールド・チェイスでノーサンブリアと衝突して大勝しました。この戦いではエドウィンが戦死しています。敗れたノーサンブリアはその後何度か分裂の危機もあったのですが、それを乗り越えて復活し、オスウィ王(在位六四二〜七〇年)がマーシア王ペンダを破って七王国の覇者となり、同国は七世紀末〜八世紀前半に全盛期を迎えることになりました。

ところがその頃から、再びマーシアが台頭します。エセルバルド王(在位七一六〜五七年)は教会や住民への課税を徹底して国力を増強しますが、暗殺されてしまい国は内乱状態に陥ります。ついで七五七年にマーシア王になったのがオッファ(在位七五七〜九六年)です。彼は偉大な王として知られ、小さな周辺王国ばかりかエセックスをも吸収し、ケント、サセックス、イースト・アングリアなども押さえて領土を拡大、ハンバー川以南の全地域を掌握《しょうあく》していきました。またオッファとともに、王は単なる戦士団の首長ではなく、本格的な統治者となっていきました。しかし七九六年オッファが亡くなり、ウェセックス王にエッジベルフト(在位八〇二〜三九年)が就くと、マーシアは押され気味になります。エッジベルフトは、北の強国ノーサンブリアにもウェセックス王国の宗主権を認めさせました。

かくして「七王国」時代には、つぎつぎと覇権を交代させながらも、どの王国もイングランド全体を支配することはできませんでした。政治的には各国が王政であるのはもちろんですが、政治の方針は、実際は賢人会議（ヴィータン）を構成する地方豪族で決定されることもありました。ヴィータンはイギリス議会の直接の祖先ではありませんが、理論的には全自由民が出席権をもち（事実上は貴族的会議体）、形式上は国王の選任や廃位を実行し、立法・司法・外交を協議し、司教や州長官を任命するなどの権限もありました。

また、アングロ・サクソン時代に現在の「英語」のもとがあることも重要です。英語は一一世紀のノルマン・コンクェスト後、フランス語からの影響を濃厚に受けながらできていきますが、基盤はアングロ・サクソン語です。八～九世紀には、『ベーオウルフ』という英雄譚《たん》が、この古英語で作られました。

デーン人の侵攻とアルフレッド大王

イギリスには、スカンジナヴィア半島から何度もデーン人（ヴァイキング）が襲来しました。最初は七八九年、三隻《せき》の船でドーセット海岸にやって来ました。その後は毎年のように二〇～三〇隻ほどの船に兵士を乗せて来寇《らいこう》し、八五一年には三五〇隻に兵士を満載して侵入。八六五年には、さらなる大船団で襲いかかって来ました。最先端に立って防衛に努めたマーシア軍の奮闘むなしく、ノーサンブリアやイースト・アングリアの軍勢も壊滅させられました。

デーン人たちは単なる侵略から征服へと方針を変え、ノーサンブリア、マーシアの一部、イースト・アングリアを支配下に収め、さらにウェセックスに向かいました。これに敢然《かんぜん》と立ち向かったのが、ウェセックスの偉大な国王アルフレッド大王(在位八七一～九九年)です。

三人の兄王の後、八七一年に二二歳の若さで王になったアルフレッドは、戦況が不利と見るとデーン人と取引し、平和金を払ってウェセックスから撤退させました。そしてデーン人が他国を荒らし回っている間に、荒廃した自国の立て直しに尽力したのです。

彼は八七八年にエディントンの戦いでデーン人を圧倒、八八六年には王ガスルムと協定を結び、ロンドンからチェスターにいたるワトリング街道の北をデーン人に渡し、それ以南を自ら領有することを認めさせました。こうしてデーン人が居住するデーンロウ地方(ノーサンブリア南部、イースト・アングリア、マーシア東部が中心)ができ上がりました。ついで八九三年、アルフレッドはノーサンブリアを屈服させ、名目上イングランド全土の王となったのです。

アルフレッドの他の業績も見ておきましょう。彼は王国防衛に努めて艦隊を建造するとともに「アルフレッド法典」を編纂《へんさん》し、教育や教会改革にも力を尽くしました。また文化復興のために国内外から優秀な学者を多数招いて宮廷学校を創ったり、重要なラテン語著作を英語に訳させたりもしました。ですから彼は、イギリスの法制・行政機構そして教会制度を最初に整え、将来の統一イングランドの基礎を固めた偉人なのです。

八九九年、アルフレッドが亡くなると、子のエドワード長兄王《ちょうけい》(在位八九九〜九二四年)が後を継ぎました。その子エセルスタン(在位九二四〜三九年)がデーンロウ地方を奪還、その後エセルスタンの甥《おい》のエドガー平和王(在位九五九〜七五年)が登位して実質的に統一イングランドができていくことになります。エセルスタンが「イングランド王」と自ら称したことも象徴的です。

彼は祖父アルフレッドが始めた州制を発展させ、下部単位の郡(ハンドレッド)、さらにその下の十人組(タイジング)という地方統治体制を整えました。州長官(シェリフ)は州行政につき王に対して責任を負っていましたが、当初、中央からの監督はごくゆるやかなものでした。

クヌートの北海帝国

しかし、デーン人の侵攻がそれで終わったわけではありませんでした。エセルレッド二世(在位九七八〜一〇一六年)によるデーン人虐殺《ぎゃくさつ》の愚行に怒り心頭に発したデーン人のスヴェン王は、敵意を剝《む》き出しにして一〇一三年に北から南に行軍したのです。スヴェン王の戦果は華々しく、「無思慮王」と渾名《あだな》されたエセルレッド二世は平和金として巨額の銀貨を提供せねばならなくなります。しかしスヴェン王は、一〇一四年に突然亡くなってしまいました。

一〇一五年、スヴェンの息子クヌート(イングランド王在位一〇一六～三五年。デンマークとノルウェー王、シュレスヴィヒとポメラニアの上級領主でもある)が南進し南イングランドを支配、エセルレッド二世の息子エドマンドと争い、支持する民も二分されます(本章扉絵参照)。

両者は和解してクヌートは北部と中部、エドマンドは南部を治めることになりますが、一〇一六年にエドマンドが亡くなるとクヌートが全イングランドの支配者になり、イングランドは北海帝国の領土に組み込まれます。彼は善政を敷き、イングランド全体が繁栄を迎えます。

クヌートの死後、後継争いがおきますが、一〇四二年、クヌートの二人の息子の後、サクソン人のエドワード証聖王(在位一〇四二～六六年)が賢人会議に推《お》されてイングランド王になり、彼の下で商業も栄えます。彼はアングロ・サクソン王家のエセルレッド二世を父にもち、フランス北西部を支配するノルマンディー公リシャール一世の娘エマが母であったため、ノルマンディー公ウィリアム(ギョーム)を後継者に指名したとされます。

ところがエドワードの死後、強力なウェセックス伯のハロルドが賢人会議の同意を得て戴冠《たいかん》したので、それが後の「ノルマン・コンクェスト」の原因になるのです。

スコットランドのアルヴァ王国

ところで、アルフレッド大王さえも手を付けられなかったスコットランドは、初期中世にはどんな状況だったのでしょうか。

スコットランド人の祖先は二つあり、ひとつはアイルランドからやって来たケルト人で、銀を求めて四～五世紀にかけて移住して来ました。彼らと一緒にキリスト教がもたらされました。そのときスコットランド西海岸から東に追い出されたピクト人も、スコットランド人の祖先です。スコットランド東部のピクト人による国が、アルヴァ王国として知られています。

ヴァイキングのノルマン人は、もちろんスコットランドにも襲いかかりました。それは七九〇年代に入った頃のことで、その後、ノルウェー王を宗主とする伯領がスコットランドにできていきました。九世紀になると、スコットランド西部のダール・リアダ王国のケネス一世が、東のアルヴァ王国を併合し、政治的統一をもたらすことになります。そればかりか、八八〇年頃から一〇世紀末まで南に拡大していきました。

そして一一世紀前半のダンカン一世(在位一〇三四～四〇年)は、ブリトン人の王国ストラスクライド王国の王位を継承しましたが、祖父の死によって、スコット、ピクト、アングル諸族をも統合した一大スコットランド連合王国、すなわち現在のスコットランドとほぼおなじ領域を手中にしたのです。

しかし一〇三九年、イングランド北部のダラムへの侵攻が失敗、翌年には従弟《いとこ》のマクベスの手の者によって殺害されてしまいました。なおシェークスピアの戯曲『マクベス』では、ダンカン王は眠っている間にマクベスによって短剣で刺殺されたことになっています。

伝道師アウグスティヌスとケルト系修道院の役割

ではここで、イギリス政治史・国制史の上でもたびたび決定的な役割を果たし、国王のあり方にも大いに関係している、キリスト教とその教会について見ていきましょう。それはまさに、本章で扱っているアングロ・サクソン時代に起源があります。

イギリスあるいはブリテン諸島には、二世紀末以前にキリスト教がローマを介して伝わっていました。まずそれはケルト人(ブリトン人)に伝わり、その後三一三年のローマにおけるキリスト教公認後、徐々に広まっていきました。ところがそこに侵入したアングロ・サクソン人たちは、異教を信じていました。

六世紀末から「七王国」の時代、アングロ・サクソン人のキリスト教改宗については、ローマ教皇庁からの働きかけがありました。すなわち、五九七年、教皇グレゴリウス一世が修道士アウグスティヌスを中心とするローマ伝道団をケント王国に送って布教させ、エセルベルフト王と臣下の多くが改宗したのです。その影響で、彼の甥で東サクソン人のサエベルフト王やイースト・アングリアのレドワルド王も改宗し、ノーサンブリアの王と貴族も六二七年に洗礼を受けました。アウグスティヌスが、カンタベリに大司教座をすえたことも重要です。

続いて教皇ホノリウスは西サクソン人も改宗させ、マーシアでも布教活動が続きました。最後に改宗したのはサセックスで、六八〇年のことです。こうして七世紀末には、七王国全体がキリスト教に改宗したのです。しかしキリスト教の普及はつねに順調というわけではなく、異教に舞い戻ったりする例もありました。

王や貴族だけでなく、一般民衆をも含めた者たちへの本格的伝道には、修道院の活動が有用でした。そこではアイルランドからやってきた聖パトリック、コルンバ、エイダンなどの修道士の活躍がものを言いました。修道院としては、リンディスファーン島に作られたエイダンの修道院がもっとも有名でした。七王国ごとにそれぞれ修道院の増加リズムは異なったのですが、それでも七世紀後半～八世紀にかけて着実に増えていきました。

部族的土壌に適合したアイルランド系(ケルト系)キリスト教と、ローマ法の影響を受け厳密なヒエラルキー体制(上下関係)を守るローマ系キリスト教の違いを解決するため、六六四年ヨー

図 1-2　ロンドンにあるウェストミンスター修道院（写真：123RF）

クシャーのウィットビーで教会会議が開催され、ローマ系が勝利しました。また八世紀前半までには全イングランドで司教区組織が確立しており、修道院も全国で発展します。

しかし九世紀には再びデーン人の侵入によってキリスト教文化は壊滅、一〇世紀末にもデーン人の第二次侵攻があって打撃を蒙《こうむ》りました。それでも一〇一六年、デーン人の王クヌートが即位してキリスト教王になったため、一気にキリスト教化が進みます。彼は、一〇〇二～二三年にヨーク大司教を務めたウルフスタンから多大の影響を受けていました。クヌートは一〇二七年にはローマを訪問しましたし、ローマに納められる「ペテロ献金」（土地保有者から教皇庁に納められた各人年一ペニーの税）も制定しました。

続くエドワード証聖王時代になると、教会は多くの財産を与えられて発展していきました。同王は、王の墓所としてウェストミンスター修道院を建設したことでも知られています（図1-2）。実際、多くの国王がここで眠り、また、ウェストミンスター修道院では現代まで歴代英国王の戴冠《たいかん》式が行われています。

第２章

フランス語を話す「帝国」の王たち

ウィリアム１世からジョン欠地王まで

──1066～1216年──

「マグナ・カルタ」に調印するジョン欠地王

ノルマン・コンクェスト

事実上、ウェセックス家最後のイングランド王であったエドワード証聖王が一〇六六年一月に亡くなると、賢人会議がウェセックス伯でクヌートとも姻戚《いんせき》関係にあるハロルドを王に選出し、彼はウェストミンスター修道院で戴冠しました。

しかしノルマンディー公ウィリアムはハロルドを王と認めず、一〇六六年に七五〇隻の船団に一万二〇〇〇の兵に加えて馬も多数乗せてやって来て、イースト・サセックスの港町ペヴェンシーに上陸します。歩兵中心でまともな甲冑《かっちゅう》もなく槍《やり》と斧《おの》のみで武装したアングロ・サクソン軍に対し、ノルマン軍は騎士《きし》を擁《よう》し、しっかりした防具で身をよろい、槍、剣、鎚矛《つちほこ》を武器に戦いました。さらに射手もいました。

同年一〇月、ヘイスティングスの戦いでハロルドは眼を射抜かれ、ノルマン軍の勝利に終わりました(図2-1)。賢人会議はしぶしぶウィリアムを王に推挙します。戴冠してノルマン王朝をひらいたウィリアムは、ウィリアム一世征服王(在位一〇六六~八七年)と呼ばれます。これがノルマン人によるイングランド征服、いわゆる「ノルマン・コンクェスト」です。

しかし彼が王になっても、治世は安泰ではありませんでした。というのも部下は数千人しかいないのに、イングランド全土の二〇〇万人を統治しなければなりませんでしたし、「大陸からの憎むべき侵略者」としてサクソンの人びとに嫌われていたからです。

さらにはデンマーク王までがイングランド王位を主張する有様でした。北イングランド、ケント、マーシア、ノーサンブリア、イースト・アングリアなど各地で諸侯が反乱し、デンマーク王やスコットランド王がそれに呼応して遠征軍を送るなどの策謀《さくぼう》もありました。

図 2-1　刺繍《ししゅう》画「バイユー・タペストリー」に描かれた，臣従を誓うハロルド(中央)とウィリアム

ウィリアム王に有利だったのは、ローマ教皇やヨーク大司教、ウスター司教、ロンドン司教、その他修道院長などの高位聖職者の支持があったことでした。一〇七〇年頃にはウィリアムはデンマークのスヴェン二世と条約を結び、また反乱を繰り返すサクソン人を厳しく圧伏して、その領地をすべて没収しました。

こうしてようやくイングランドは安定しますが、大陸のノルマンディー情勢は悪化しました。フランス王フィリップ一世がフランドル伯、アンジュー伯などと連携し、スコットランドをも巻き込んで(ノルマンディー公でもある)ウィリアムに対抗したので、ウィリアムはますます窮地《きゅうち》に陥《おちい》ったのです。一層悪いことに、一〇七八年に長男ロベールがノルマンディーおよびメーヌ地方の領有を求めて父に反乱、母である王妃マティルダの尽力で和解したものの、母が一〇八三年に他界すると再び離反します。

一〇八七年にはフランス王フィリップ一世がノルマンディー東部に侵入、その戦いで傷ついたウィリアムはノルマンディーのルーアン近郊で没しました。長子ロベールには死の床で赦《ゆる》しを与えてノルマンディーを継がせ、三男ウィリアムはイングランド王に、末子ヘンリには五〇〇〇ポンドの現金を与えました(次男リシャールは狩猟中に事故死)。

ウィリアムの業績には、後でお話しする「ドゥームズデイ・ブック」(土地調査台帳)作成や集権的な封建《ほうけん》制樹立がありますが、憲政という点に注目してみると、アングロ・サクソン時代の賢人会議を引き継ぐ、おもに直属受封者からなる「評議会」の承認、あるいは選挙で王が選ばれる伝統を始めたことが重要でしょう。それは「エドワード証聖王の法」の遵守《じゅんしゅ》を誓う代わりに、臣民の忠誠を求めるものでした。もちろん王とその宮廷役人の集まりである国王宮廷(クーリア・レギス)のみが、執行機能を独占していたのではありますが。

もうひとつ忘れてならないのは、このノルマン朝期のイギリスは、大陸(フランス)にも領土をもち、英仏海峡を挟んだ王国だったことです。ですからノルマン朝のイギリス王らはフランスに所有地を維持していて、それをさらにブルターニュ、アキテーヌなど西フランス一帯に拡張していこうともくろんでいたのです。

さらにノルマン・コンクェスト後、フランス語がイギリスの公用語として政界や上流社会で使われるようになりました。これは一三六二年まで続きます。しかしもちろん英語も民衆の言葉として残り、この英語(アングロ・サクソン語とノルウェー諸言語のミックス)がフランス語およびラテン語と混淆《こんこう》していって、徐々に近代英語になっていくのです。

集権的封建制度の浸透

では、イギリスで浸透した集権的封建制度は、どのように始まったのでしょうか。

ノルマン朝最初のウィリアム征服王の地位は、当初安定しておらず各地で諸侯が反乱し、とても苦労したことは先に述べました。彼は内乱の鎮定《ちんてい》やノルマンディーをめぐるフランス王や大陸に盤踞《ばんきょ》する諸侯との争いに邁進《まいしん》しただけでなく、征服した国内の統一安定のための制度づくりにも務めました。それは国王宮廷を中心とする統治機構整備とともに、大陸から持ち込んだ集権的な封建制を敷くことでもありました。

ウィリアムは刃向かって敗北したほとんどすべてのサクソン貴族から土地を取り上げ、王領を広大に確保(全体の五分の一)したうえで、王の親族ないし腹心の大貴族一〇名に辺境の大きな土地を与えて城を築かせ、外部の反乱への防備に当たらせました。残りの土地は、一八〇人ほどのノルマン貴族に与えました。そしてその土地授与の見返りに、従軍義務、国王の騎士軍への軍役奉仕を課したのです。

この双務的な主従関係が「封建制」です。家臣になった者たちは王の要請に応じて、それぞれの所領ごとに賦課《ふか》される五ハイド(初期中世以来の土地保有・評価の単位。もともと自由農民の一家族の生活を支える耕作地所有と共同地の用益権の総体のこと)単位のナイト(騎士)領の数を設定して、軍役奉仕《ほうし》を提供したのです。平時は四〇日、戦時には六〇日です。そのナイト数は全体で五〇〇〇に上りました。こうして王は、全封建貴族を家臣として直接忠誠を誓わせ(直属封臣《ほうしん》、そのうち有力者がバロン)、国家防衛に当たらせることができたのです。

これは、封建的な分裂に悩んでいたフランスやドイツではとてもできない、強力な王政を一気に実現させる芸当でした。王は貴族に付与する封土をわざとあちこちに散らばるようにして、貴族らが結束して王に反抗するのを防ぐという工夫もしました。

領主は王からレガリア(国王大権)の一部を与えられ、領地での裁判、行政、軍事を分担することになりましたが、しかし封建領主同士の争いがおきると、それを裁き収めるのは上級法廷としての州法廷あるいは国王法廷でしたので、王の優位は揺るぎませんでした。

ドゥームズデイ・ブック

ウィリアム征服王は一〇八五年のクリスマスにグロスターで会議を開いて、全イングランドの貴族所領の実態と経済を調査把握することを決定し、そのための調査委員を中央から派遣して全国的検地を実施しました。その結果が「ドゥームズデイ・ブック」として知られるものです。それは徴税利用の目的に端を発するとともに、集権的封建制の社会経済的な基盤、つまり全国に散らばる封建諸侯・家臣の資産を把握しておきたいとの願いからでした。

ドゥームズデイ・ブックには五〇〇〇以上にのぼる領地および家屋敷が記載されているのですが、驚くべきことに、土地建物の数量、水路、家畜の数、さらには家族の構成までもが記されていて、ヨーロッパ全体としてもじつに先駆的な試みでした(図2-2)。

ノルマン朝からつぎのプランタジネット朝にかけての国王は、国王裁判権を通じて地方の貴族らを掌握し、専制に近い権力を握っていました。すなわち、信頼のおける者を昇進させて自分の権威を高めたり、諸侯らの助言をあえて受けなかったり、地方法廷の裁判結果をひっくり返したり、巡回裁判官が州長官の任命・解任を自由に行ったり……と、諸侯・貴族らを揺さぶ

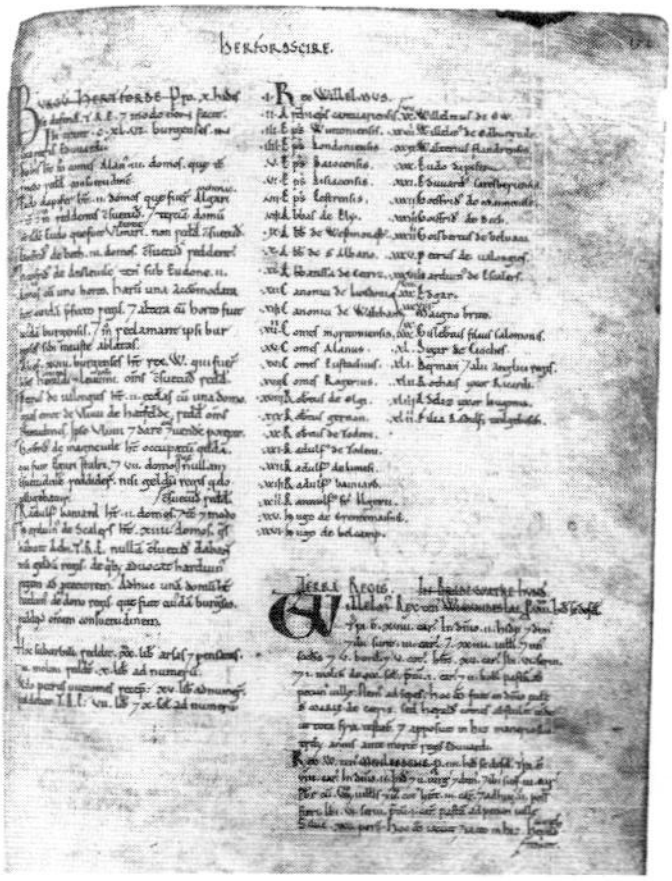

図 2-2　ドゥームズデイ・ブック写本の一葉

っていったのです。

ウィリアム一世が亡くなると、息子のウィリアム二世赤顔王《せきがん》（在位一〇八七～一一〇〇年）（赤ら顔、ないし赤毛の髭《ひげ》を蓄えていたための渾名）が兄のノルマンディー公ロベールをさしおいて後を継ぎました。しかし当時の年代記では、彼は信仰心も薄く粗野で人気がなかったとされています。

バロン（王の直臣の有力者で国王評議会のメンバー）たちは一〇八八年反乱をおこし、ロベールを擁立しようとして失敗しました。後にウィリアム二世は狩りの途中で死に、征服王の四男ヘンリ一世（在位一一〇〇～三五年）が王位に就きました。

ヘンリ一世の治績

ヘンリ一世は勤勉で、大司教ランフランクの教えを受け、兄の時代の悪習を廃止して、エドワード証聖王の法に征服王が加えた法律を遵守することにし、アングロ・サクソン人をも平等に扱いました。そしてアングロ・サクソン王家の血を引くスコットランド王マルカムの娘マティルダ王女を妃に迎えます。彼を補佐する人材も情実を排した適材適所で、宰相《さいしょう》に相当する尚書《しょしょう》部長官はソールズベリ司教のロジャーを選びました。ヘンリはその力を借りて、ウィリアム一世が導入した封建制度および中央集権体制を確立していきました。

ヘンリ一世は行政分野でも功績があり、各州にひとりずつ長官をおいて租税徴収権と裁判権を与え、それを民事裁判の基礎としました。年二回、復活祭および聖ミカエル祭に州長官が王宮にやってきて会計報告する規則でした。

また王は司教任命権を主張して教皇と争い(聖職叙任《じょにん》権闘争)、その妥協策として「任命権は教皇にあるものの、司教は王を直接の主君として忠誠を捧げる」ということで折り合いました。それは将来、一六世紀に決定的になるローマ教皇との決別、宗教改革につながる第一歩だったと言えるかもしれません。

このように功績の大きかったヘンリ一世ですが、内輪の権力闘争は免れることができませんでした。ノルマン朝から、約五〇〇年後のテューダー朝末期まで、王冠をめぐっての争いは絶えることがなかったのです。

まず長兄ロベールが十字軍から帰って来ると、弟ヘンリがイングランド王位に就いているのを見て激怒します。そこで一一〇一年七月、ロベールは軍勢とともにポーツマスに上陸しましたが、タンシュブレーの戦いでヘンリに敗れて捕虜にされ、ウェールズのカーディフ城に二八年間にわたって、その死まで幽閉されました。

スティーヴンvs.マティルダ

しかし、ヘンリ一世の後任でまたもめました。ヘンリには男の跡継ぎがなく、バロンたちに「娘のマティルダ(神聖ローマ皇帝ハインリヒ五世に嫁いでいたが呼び戻された)を女王に迎えよ」と言い残して死にました。ところが女性が王になるのを嫌ったバロンたちは、ウィリアム一世の孫でヘンリの甥にあたるスティーヴン(在位一一三五~五四年)を支持したのです。

ブーローニュ伯だったスティーヴンは、フランスから海を渡ってやって来ると、有力者たちの支持をえて一一三五年に戴冠します。そこでマティルダとの間に内戦がおき、一一五四年まで二〇年近く続きます。争いは、スティーヴンがマティルダの息子ヘンリを自分の後継者にすることを約して、ようやく収まりました。これがヘンリ二世です。

さて、ここで確認しておきたいのは「イギリス人は戦闘好き」と思わざるを得ないほど、戦いを繰り返しているということです。現代の「ガーデニングを愛する英国紳士」のイメージとは相反するようですが、それは国王をはじめとする貴族らにとくに顕著で、早くもこの時代から鮮明になってくるようです。

その理由は、七王国時代からずっと、どの王も内外に多数の敵勢を抱えて「王位は力ずくで手にするもの」という伝統があったこと、王とその対立者の背後には何倍もの争い合う貴族たちが控えていたこと、イギリス王は世俗性が顕著でフランス王や神聖ローマ皇帝のような聖なる超越的権威をまとうことが少なかったこと、などが影響しているのではないでしょうか。

「アンジュー帝国」とは何か

スティーヴンとマティルダとの約束に従って王位に就いたヘンリ二世(在位一一五四〜八九年)以後、一三九九年のリチャード二世の廃位までを、プランタジネット朝と呼びます。これはヘンリの父アンジュー伯ジョフロワ四世が、エニシダの木(プランタジネット)を紋章としたためについた名前です。

ヘンリは父からはアンジュー伯領とそれに接するメーヌを受け取り、母からはイングランドに加えてノルマンディーをも得ました。まさに英仏両方にまたがる大領主となったのです。

さらにその領地は、自身の結婚によっても増えることになります。ヘンリは一一五二年、パ

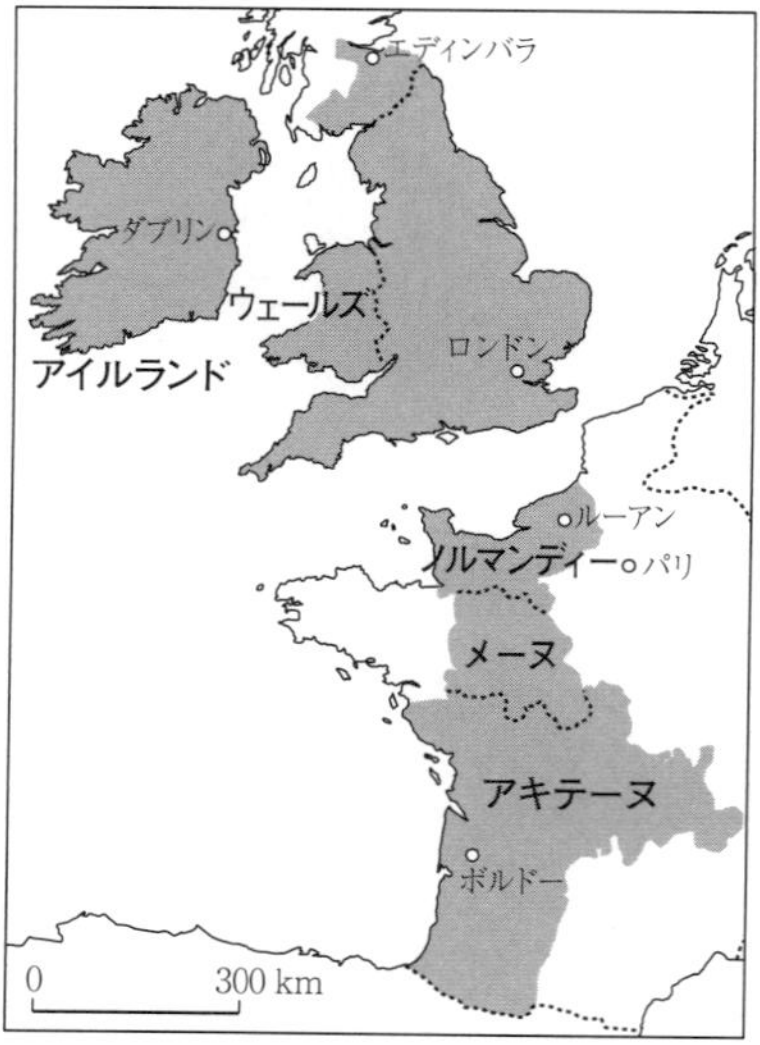

図2-3　アンジュー帝国（近藤和彦『イギリス史10講』岩波新書，2013より改変）

リとボルドーを結ぶ街道でたまたま出会って見初めたアリエノール・ダキテーヌと結婚しました。アリエノールは、じつはフランス王ルイ七世の元王妃で離婚したばかりでした。

大領主でもあるこの女公と結婚したヘンリは、ポワトゥー、ギュイエンヌ、ガスコーニュからなるアキテーヌ地方を手に入れ、それまでのイングランド王の大陸領土と併せて、ほぼフランスの西半分を王領としたのです。この海峡を挟んだ英仏大領地を「アンジュー帝国」と呼ぶ習わしがあります（図2-3）。

ヘンリ二世治下の統治機構

ヘンリ二世は荒くれ者でしたが、教養も高く有能な君主でした。有為な者を登用して法制・財政などを整え、その治下にイギリスの統治機構は格段に整備され発展していったのです。

とくに注目すべきは、国王から直接、授封された地方領主や高位聖職者からなる大評議会が、立法的行為で近代議会の上院の起源になったことです。もうひとつは、裁判制度が国王中心のものになったことです。国王の宮廷が貴族たちの紛争裁判の場となり、土地所有に関するものもそこで裁かれたため、地方領主の裁判権は削減され、王の巡回裁判の威力が増しました。また陪審《ばいしん》制も始められ、陪審員の証言が力をもつようになりました。

こうした法制上の改革は、地方ごとに異なっていた法慣習を統一する動きに通じ、他国に先駆けて判例主義と全国に共通する「コモン・ロー」の整備が行われたのです。コモン・ローというのは明文化された法律ではなく、いろいろな判例および慣習を集めたもののことです。

他方、この時代、教会裁判所が世俗裁判所の管轄《かんかつ》を侵害するケースが多発して対立が深まっていました。そこで一一六四年、正義を取り戻すためにと、王は腹心の聖俗の貴族たちとともにカンタベリ大司教トマス・ベケット(尚書部長官でもありました)をはじめとする大司教・司教らとクラレンドンで会見し、ベケットに「クラレンドン法」に署名させました。

それは王が司教の任命権を有すると定め、さらに教会裁判と国王裁判の役割分担を決めて、聖職者であっても世俗に関わる重罪を犯したときには国王裁判所によって告発されること、教会裁判所で聖職を剝奪された聖職者は国王裁判所に回付されてそこで処罰されること、聖職者は教皇への上訴を禁止されること……などが決められました。

ベケットとヘンリ二世はその後、袂《たもと》を分かちますが、フランス王の仲介で和解します。ところがカンタベリ大聖堂で祈りを捧げているベケットを、四人の騎士らが暗殺してしまいました。世論はひどく王を非難したので、彼は改悛《かいしゅん》の情を示して裸足でカンタベリを歩いたばかりか、修道士らにも鞭《むち》打たれることになりました。

まもなくベケットは教皇アレクサンデル三世により聖人に叙せられ、カンタベリはイングランド随一の巡礼地となります。これ以後、イギリス王とローマ・カトリック教会はずっと折り合いが悪くなり、後にヘンリ八世の宗教改革で完全に分裂してしまいます。イギリス国王が他のヨーロッパの国王・皇帝よりも信仰心が薄いというわけではないのでしょうが、ローマ教皇の権威・支配からの独立傾向は、他国よりも早く、強烈だったようです。

アイルランドとウェールズの征服

ヘンリ二世に始まるプランタジネット朝は、先述のようにブリテン島ばかりかフランスにも広大な領土をもっていました。しかしブリテン諸島を見渡すと、イングランドに接したところにもまだ攻略してしない土地がありました。ウェールズ、スコットランド、アイルランドです。

スコットランドに対する本腰を入れた征服や合併は一八世紀にいたるまでなされず、小競《こぜ》り合いを繰り返しながら、長らく並び立っていました。しかし、アイルランドとウェールズは、早くから本格的な征服の対象となりました。これを実際に始めたのがヘンリ二世でした。

彼がアイルランドを最初に征服したのは、一一七一〜七二年のことでした。アイルランドは古代からケルト人の島で、イングランドとは異なりローマの侵略から免れていました。そして五世紀半ばにはキリスト教が伝来して独自の発展を遂げたのです。この島にも八〜一〇世紀にかけてノルマン人の侵入・略奪・暴虐が続きましたが、平和裡《へいわり》に定住してケルト人の女性と結婚するノルマン人もいたようです。

一二世紀後半に入ると、部族間抗争に苦しむレンスター地方の王マクマロー(百数十ある小王国の上に位置する大王でした)の要請を受けたヘンリ二世が、アイルランド征服を思い立ったのです。この機に乗じたアングロ・ノルマン系貴族がアイルランドに遠征し、所領を築いていきました。これが以後八〇〇年以上にわたるイングランドとアイルランドの激闘の始まりです。

また同王は、ウェールズをも一一五七年から八年間にわたって遠征し攻めましたが、成果は上がりませんでした。

後のイングランド王ヘンリ三世時代の一二六七年、ウェールズの有力者ルウェリンがヘンリを主君とする公として認められて、ウェールズは公国となりました。しかし、次章でも述べますが、次のエドワード一世によってウェールズは征服されてしまいます。

ですが、政治的・軍事的に屈服させたとしても、民族の違う者たちの住んでいる土地を完全に掌握し、制度的にイングランドに一体化するのはそう簡単ではありませんでした。

ジェラルド・オブ・ウェールズの探訪記

これらの征服行為は、イングランド(人)にとっての他者との遭遇、他者をどう見てどんな態度で臨むか、という心理状態を垣間見《かいまみ》せてくれます。

アイルランドとウェールズについて、当時の記録が残っています。筆者はジェラルド・オブ・ウェールズというノルマン系ウェールズ人です。彼は聖職者になった後、約一〇年間パリで勉学を積み、帰国してヘンリ二世の宮廷に仕えました。彼が執筆したのは『アイルランド征服記』(一一八九年)・『アイルランド地誌』(一一八七年)と『ウェールズ巡行記』(一一九一年)・『ウェールズ概略』(一一九四年)です。

前二者のうち『征服記』はヘンリ二世のアイルランド征服を記述したものですが、この攻略がローマ教皇に認可された宗教的事業でもあり、「アイルランドの怪物的な行き過ぎ、下劣な宗教慣行を正常化する目的もあった」と述べ、それに参加した自身の一族の行動を正当化しています。一方『地誌』は一一八五年、「アイルランド君主」となった王子ジョンがアイルランドに赴く際にジェラルドも随行、翌年まで滞在して、アイルランドとその住民の習俗や不可思議な現象について報告したものです。

ウェールズに関する後二者は、母方の血縁で南ウェールズに関係のある彼がその縁を買われ、カンタベリ大司教ボールドウィンがウェールズを巡行して十字軍を勧説するのに従うことになった記録です。ジェラルドは一一八八年三月から四月まで、ウェールズに滞在しました。

これらは「中央(イングランド、宮廷)の視線で辺境と他者たちを見ている」というスタンスに則《のっと》っており、文明に浴している学者が「未開の地の風習や現象を蒐集《しゅうしゅう》している」という特徴があります。彼らが「先駆的民俗学者」と呼ばれるゆえんです。

『アイルランド地誌』では、かの地の自然や驚異・奇跡、そして住民の風俗慣習に関する幾多の事例が蒐集され報告されています。住民については「彼らは未開人で無愛想、食べるのは獣のみで自身も獣のように生きている」と偏見に満ちた言葉を吐きつつも「彼らの楽器演奏は爾余《じよ》の民族に比して圧倒的に優れ、指の動きは素早く音楽の調和が乱れない」と称讃しています。

『ウェールズ巡行記』『ウェールズ概略』にも、ウェールズ各地区と住民の歴史・自然・地誌・性格・風俗・動物・衣服・言語・音楽・悪魔憑《つ》き・武器など、とどまることを知らない好奇の目で観察された結果が記されています。ジェラルドの書物には「旺盛な好奇心」という、後のイギリス人に特徴的な性格が早くも表れているとも評せましょう。

ヨーロッパの中世人、とりわけ一二世紀以降の人びとは、この世にある異境に多大の関心を寄せていました。それはしかし、簡単には行けない「オリエント」が最大の驚異の宝庫でした。ところがイングランド人には、より身近に「異境」があったのです。後の海外進出・帝国主義時代に、「白人の責務」「迷妄の打破」と勝手な理屈で植民地支配をしたイギリスですが、この島国がスペインやポルトガル、フランスやドイツよりも上手に植民地を支配し、それを広げていけたのは、じつは中世から身近なところ(ウェールズ、アイルランド)で「他者」を相手に「異境」を経験済みだったことと無関係ではないでしょう。

ここで、王の宮廷こそがこうした他者イデオロギーの醸成《じょうせい》地だったことにも注目したいと思います。王の宮廷とは、出仕する貴族・騎士たちと、多分に世俗的な能力と野心のある宮仕えの聖職者らが集まり、そこに奥方たちが花を添えるという雅《みやび》なセンターでした。

ですが同時に宮廷は、統治のための一大機関でもありました。宮内府行政機関たる財務府、文書を作成する部局である尚書部(徐々に法的権能を獲得したので一四世紀以降は大法官府と呼ぶ)、寝所部、納戸《なんど》部、御膳《ごぜん》部、厩《うまや》部といったもともと王の私的な家政部署が公的な性格を帯びて国政機関となっていく一方で、一三世紀が進むと宮廷の外にはみ出る部局が現れ、それらは王の個人的影響から離れて官僚制的性格を濃くしていくことになります。いくつかの部局が管理する印璽《いんじ》(王璽や国璽)を押捺《おうなつ》した証書が、行政上の重要な役割を果たしました。

王はこうした宮廷の諸機関を利用して国内の統治を本格化させていくのと並行して、辺境・外部を征服する作戦を採用したのであり、まずは宮廷人たちに「征服」の心構えと、異境の他者の「理解」が求められたのでしょう。

『アイルランド征服記』と『ウェールズ概略』の最後の部分には、征服・統治するための極意が記されています。そしてそこでは、征服のための軍隊装備や作戦のほかに、住民をいかに物理的にも精神的にも弱らせ、意気阻喪《そそう》させ、賄賂《わいろ》・買収や空約束で住民相互に不和の種をまいてたがいに争い合わせるか、といった手管がまとめられているのが印象的です。

まさに、イギリスが近現代において帝国主義的な征服を進めていく、その原点がここにあることがわかります。

図2-4　第3回十字軍でのリチャード獅子心王（中央右）とサラディン（中央左）

十字軍に夢中なリチャード獅《し》子《し》心《しん》王

大きく版図を広げたヘンリ二世でしたが、晩年は王妃アリエノールと不仲になり、息子たちにも反抗されてしまいます。それがなんとか収まった後、再度の反乱が末子ジョンからもおきたのです。一一八九年、ヘンリはショックのあまり絶望死してしまいました。

後を継いだのは三男（長男、次男は早世）リチャードでした。他の子どもたち同様、母親に連れられてフランスにいた彼は、急遽イギリスに戻ってリチャード一世獅子心王（在位一一八九～九九年）として即位したものの、激しい気性で性的にも紊乱《びんらん》、さらに彼はまったくの「フランス人」で英語も話せず、戴冠式後一年もたたずに一一九〇年には十字軍にでかけてしまいました。ただしそこでは勇猛果敢に戦い（獅子心王の渾名はそこから由来）、かのサラディン（イスラームの武人で十字軍を破ってエルサレムを奪回した）と協定を結んだことで声望を高めます（図2-4）。

ところが彼は十字軍からの帰途、オーストリア公バーベンベルク家のレオポルト五世に捕まり、神聖ローマ皇帝ハインリヒ六世に売り渡されて一〇万ポンドの身代金を要求されます。国家予算の何倍もする大変な額でしたが、母が奔走《ほんそう》して一一九四年二月二日に解放されました。

リチャードは、ウォルター・スコットの小説『アイヴァンホー』も示しているように人気のある戦士でもありましたが、ほとんどイングランドにおらず、フランスの所領を守り、十字軍で異教徒と戦うのに多忙でした。

ですがこの国王の不在も、イギリスの制度の発展・成熟には悪いことばかりではありませんでした。つまり王の厳しい取り締まりがない間、地方のジェントリ(郷紳《きょうしん》、中小地主層)らが、自分たちの影響下にある州や都市の自治に目覚め、「地方自治」の原則が広まったからです。

王様はフランス人

最後に、フランスとの関係を見ていきましょう。この時代の王は「ほとんどフランス人」と言ってもよい血筋です。

ウィリアム二世はノルマンディー公で、ノルマン貴族を引き連れてやってきたフランス人です。ヘンリ一世も父はウィリアム一世、母はフランドル伯ボードゥアン五世の娘マティルダで、アングロ・サクソンの血は流れていません。ヘンリ二世の父はアンジュー伯ジョフロワ四世というフランス人で自身もフランス生まれ、自分をフランス人だと思っていたようです。さらにリチャード一世も、父はイングランド王であるとともにアンジュー伯、母はアキテーヌ女公なので、イギリス人というよりフランス人でした。

このように初期のイギリス王たちは、英語をほとんど、あるいはまったく話せないフランス人で、バロン・貴族たちも同様でした。英語を母国語として育った王は一三九九年に戴冠するヘンリ四世が最初だったのです。そして「アンジュー帝国」帝王であるイングランド王はフランス各地を巡歴しつつ統治せねばならず、ブリテン島にいる期間も短かったのです。

イギリス人は後にフランスを仇敵《きゅうてき》に見立て、それではじめて国民としてのアイデンティティを築いていきますし、当然、国王たちもその展望の下に行動するようになるのですが、イングランド王国最初期のノルマン朝そしてプランタジネット朝初期においては、フランスがイギリス王たちの母胎であり、島(国)と大陸とのわずかな距離は、その両者にまたがる政治体を作ることをいささかも妨げなかったのです。それが「アンジュー帝国」をもたらしたと言えましょう。

マグナ・カルタの意義

リチャードが一一九九年に亡くなると弟ジョン（在位一一九九〜一二一六年）が後を継ぎますが、相続すべき土地がなかったため「欠地王」と呼ばれます。この末っ子は政治・外交的には失策続きでした。

まず彼は、リュジニャン家のユーグの許嫁《いいなずけ》になっていたアングレーム伯の娘イザベラを略奪して結婚します。怒ったユーグがフランス王フィリップ二世に訴えたのでジョンは彼と戦う羽目になりました。その結果、一二〇二〜〇四年にフランス内にある土地の大半を奪われ、アンジュー帝国はもろくも崩れるのです。

さらに一二〇七年、ジョン王はカンタベリ大司教選定をめぐって教皇と争い、聖務執行停止令を受け、翌々年には破門されて、やむなく一二一三年、教皇に屈服します。そして翌一二一四年には神聖ローマ皇帝オットー四世、フランドル伯、ブーローニュ伯らと組んで、北フランスのブーヴィーヌにおいてフランス軍と相まみえたのですが、負けてしまいます。

戦費をまかなうために臣下の土地を奪ったり、軍役代納金を徴収しようとしたり、御料林規制を広げたりして反感を買い、一二一五年には内戦が勃発《ぼっぱつ》。貴族たちの要求を拒んでいたジョンも、劣勢になって最後には応えざるをえず、六月一五日「マグナ・カルタ」に調印しました

（本章扉絵参照）。

高校の世界史教科書にも必ず登場する「マグナ・カルタ」は、イギリス国家発展の一里塚、英国憲法の基礎などとみなされていますが、じつは当初はジョン王とバロンたちの妥協の産物で、前文のほか、王、貴族、教会がそれぞれの要求を出し合った六三の条項が並んでいるにすぎないものでした。とくに当時のバロンには、立憲政治・議会制民主主義などは頭の片隅にもなく、無益な戦争や土地建物の没収に怒っていただけなのです。

この大憲章は、冒頭の章で教会の諸権利を保障した後、続く一五章では王のやりすぎを抑えるため、課税には諸侯・騎士・都市代表の意見聴取を必要とし、特権の濫用《らんよう》も禁じました。

そのほかの一〇章は財政について語り、最後の部はコモン・ローに根付いた人民の権利を謳《うた》っています。歴史に残るのはまさにこの最後の部分で、どの自由人も正当な法的判断と手続きがないと逮捕投獄されず、王も法の支配に服し、その支配方法には王自身が責任を負わねばならないことを要求しています。王にこの憲章を守らせるために二五人のバロンからなる評議会も創設され、王が違反した場合にはバロンらに王と戦う権利まで認められました。

しかしこのマグナ・カルタは調印後、三か月ともたずにジョンによって廃案とされ、内乱が勃発します。翌年、ジョンは赤痢《せきり》のため亡くなり、後継の王ヘンリ三世になってやっとマググナ・カルタは発布され、その後も三十数回、改訂されることになります。

ノルマン朝とプランタジネット朝初期という統一イングランド最初期の王朝において、その後今日まで一〇〇〇年近く続く、王を中心とする政治のあり方を決める礎《いしずえ》が築かれたのはたしかでしょう。この時代、一方で自分たちを守り、指導し、国をあるべき方向に連れて行ってくれる有能で強力な国王を求める人民は、裁判制度などを介した中央集権化に賛同しながらも、他方で、無能で恣《し》意《い》に走る王を抑える機構をも同時に作っていったのです。

「人民」と言いましたが、王に向かうのは、最初はバロンや貴族といったごく少数者でした。しかしその範囲が騎士とジェントリに、ついでヨーマン（独立自営農民）や都市民へと広がってやがて全国民になっていく、というのが、長い時間をかけてイギリス人が王と拮抗《きっこう》しながら議会制民主主義・立憲政治を作っていく歴史の道筋でした。その意味で、政治的領域に新たな階級が参加する道を開いたマグナ・カルタは、重要な端緒《たんしょ》と言えるでしょう。

農民の暮らし

では、アングロ・サクソン時代からプランタジネット朝頃までの農民たちは、どのような暮らしをしていたのでしょうか。アングロ・サクソン諸王国において、農民たちは重い地代に加えて領主直営地での賦役《ふえき》を義務づけられていましたが、ノルマン・コンクェスト後、土地は急速に荘園化していきました。税を払うことで兵役を免除されるようになった騎士たちは農業経営に熱心になり、マナー・ハウス(荘園領主の邸宅、後にその高級なものがカントリー・ハウスと呼ばれるようになる。図4-4参照)が各地にできていきました。

荘園の農民たちの一部には自由農民やソウクマン(準自由民・鋤《すき》奉仕土地保有農)がおり賦役から免れていたのですが、後者は完全に自由というわけではありませんでした。彼らは領主に託身し領主裁判権に服する小作農で、国王法廷や州・郡法廷に訴えることはできませんでした。荘園の農民の大部分は自由ならざる隷属《れいぞく》的農民でした。

王に刃向かわずに協力する強力な貴族階級は、もちつもたれつ、王によって支えられている面があり、その王の政策のおかげで土地領主として農民たちを収奪し、隷農身分に陥《おとしい》れ、結婚税、死亡税その他の税を課し、領主裁判権に服させることができたのです。

先ほど述べたように、イギリスの有力領主はノルマンの司令官として各地に派遣され、アングロ・サクソンの領主に取って代わった者たちでした。領主階級には当然ヒエラルキーがあり、伯、バロン、中級貴族、小貴族と分かれていました。小貴族は荘園をひとつしかもたない者、数か所保有してときどき視察に訪れるのが中級貴族、その上に大領主=大貴族として伯、バロン、司教、修道院長らが、広大な領土を所有していました。なお伯の上、王に次ぐ大貴族には少数の公がいましたが、これはイギリスではもともと王族のために創設された称号で、一五世紀末から臣民にも与えられるようになりました。

いずれにせよ、領主は農民の生産物を消費し、また年貢でうるおう搾取《さくしゅ》者でした。小麦をはじめとする穀物や豆類のほか、牛肉、羊肉、鶏肉、卵、チーズ、バター、ラード、蜂蜜《はちみつ》、あるいは鰊《にしん》などを農民に上納させた上に、現金の地代もありました。

またこうした保有農の小作地以外に領主直営地も一部あり、その大きさはさまざまでした。そこでは保有農が週賦役で働いていたほか、専門の奴隷(不自由民)もいました。領主直営地の農産物は莫大で、それを市で販売すれば相当の現金になりました。さらに領主は粉挽きとパン焼きの権利を独占して、農民たちに強制的に使わせて、そこからも富を得ました。

ドゥームズデイ・ブック作成当時、農民たちの間には階層差がありました。自由民、ソウクマン、農奴、小屋住農、奴隷《どれい》の五段階でしたが、一世紀後には奴隷が消えて隷属性が和らいでいきます。ですがどの階層であれ、多くの農民は貧しい暮らし向きでした。家は狭いうえに一~二部屋しかなく、家畜と一緒に住んでいました。床は踏みならされた土に藁《わら》や藺《い》草《ぐさ》を敷きつめたもので、中央には炉《ろ》があって暖房兼調理場になっていました。当然、家は煙《けむり》で黒ずんでおり、埃《ほこり》がすぐにたまるので箒《ほうき》でかき出してもきりがありません。

彼らは雑穀パン、オートミールやお粥《かゆ》を食べ、飲み物はビールがふつうでした。タンパク質は豆類、まれにベーコンや塩漬け肉をオートミールに加えることもあり、余裕があれば卵やチーズ、わずかな肉を食べました。野菜類は季節によって、キャベツ、レタス、葱《ねぎ》、ほうれん草、パセリ、タマネギ、ニンニク……といったものを、お粥やスープに入れました。

農民の労働は厳しいものでしたが、キリスト教暦に点綴《てんてい》する祝祭には娯楽に興じ、ごちそうを食べることもありました。冗談を言い合ったり、歌ったり踊ったり、取っ組み合いをしたり、目隠し鬼ごっこやボウリング、陣取り遊び、サイコロ遊び、またサッカー、水泳、アーチェリー、テニスなどのスポーツ遊びもあり、生活を楽しんでいた一面もあるのです。

スコットランドの動き

さて、ここまでイングランドを中心に見てきましたが、スコットランドはどうなっていたのでしょうか。宗教的には、もともと教会は王や地方豪族への依存度が高く、ローマ教皇の権威はあまり及びませんでした。

しかしスコットランド王マクベス(在位一〇四〇~五七年)が一〇五〇年にローマに巡礼してロ

ーマ教皇庁への従属が増していくと、修道院改革も進められます。さらに、アレグザンダー一世(在位一一〇七〜二四年)とデイヴィッド一世(在位一一二四〜五三年)時代にカトリック化が進み、司教区が整備され修道院もつぎつぎに建設されていきました。

この時代、イングランドに倣って、国王裁判制度、分県制度そして大都市自治制などが行われるようになっていました。またノルマン・コンクェストを蒙らなかったスコットランドですが、一二世紀になるとイングランドからスコットランドにやってくるアングロ・ノルマン系の人たちが現れ、騎士階級が成長し都市も発展していきました。ノルマン人領主とスコットランド人領主がともに王に忠誠を誓いながら、地方行政・司法を任せられて領土を治めていたのです。さらにイングランドとは異なり、王と有力者たちの関係も良好でした。

アーサー王伝説誕生

ところで、イギリス(イングランド)人は実用主義で、情熱に任せて無茶をしたり想像の羽ばたきに我を忘れることなどあまりないと言われます。一方、ケルト(アイルランド、ウェールズ、スコットランド)人はその反対で、超自然的な事物への感受性が鋭く、妖精や小人・巨人、さまざまな驚異を身近に感じていました。

図 2-5　アーサー王と円卓の騎士たち

じつはイングランドでも、中世には他のヨーロッパ諸国のように幻想世界に遊ぶことが多かったのです。そうした幻想譚《たん》を醸成したセンターのひとつが王侯の宮廷でした。宮廷貴族たちが民衆の伝承を取り込み、不思議なお話を物語化していったのです。とりわけイギリス人を熱狂させたのが、アーサー王です(図2-5)。

アーサー王は現実と想像の狭間《はざま》にいる人物です。現実としては侵略するサクソン人に立ち向かったとされる六世紀のブリトン人の王ですが、その事績はほとんど分っていません。彼はむしろ現実から飛翔した神話的存在で、中世騎士道の精華を代表する王となっていきます。

アーサー王は最初、ネンニウスという年代記作家が九世紀に書いた『ブリトン人の歴史』に登場し、ついで一一〇〇年前後のウェールズの聖人伝などにもわずかに現れますが、本格的にはジェフリー・オブ・モンマスの『ブリタニア列王史』(一一三六～三八年)によって知られるようになります。ジェフリーはケルトの民間の口頭伝承に想を得たのでしょう。

アーサー王は、ブリトン人によるあらゆる征服の業の責任者たる戦士王にして、異教徒と闘うキリスト教王でした。さらに彼は雅な宮廷風君主でもあり、宮廷で廷臣たちに囲まれ、正義と鷹揚《おうよう》の美徳を示す理想の王でした。そしてその騎士たちは円卓の周りに座していました。

イギリスでは現実の地理にこうしたアーサー王たちの活躍をすえられるという現場性もあり、アーサー王と円卓の騎士伝説は、王宮だけでなく庶民の間でもきわめて人気がありました。イギリス王にとっては栄えある祖先をもつということで、実際の血縁関係など無視してアーサー王とのつながりが主張されました。とくにプランタジネット朝は早くからこのアーサー王伝説を領有して、政治的正当性を主張するという挙にでたのです。

たとえば一二七八年、エドワード一世は、グラストンベリ修道院でアーサー王と王妃グィネヴィアの遺骸の遷移《せんい》式を執り行いました(当修道院は二人の遺骸を発見したと主張していました)。一三四八年にはエドワード三世が新たな円卓の騎士団(ガーター騎士団)を創設し、アーサー王の後裔《こうえい》としての威光を得て、貴族らにフランス攻略への支持を得ようとしました。

少し後の時代、一五世紀末からのテューダー朝は正統の王を廃して継承権のあやうい者が王位に就いたので、その正統性を新たに補強しなければなりませんでした。そこでヘンリ七世は長子をアーサーと名付け「テューダー家は栄光あるアーサー王の末裔《まつえい》である」と主張したのです。

このアーサー王子は、当時ヨーロッパ随一の大国であったスペイン王家から王女(アラゴン王フェルナンドとカスティリア女王イサベルの娘)を迎えてますます箔《はく》を付けようとしたのですが、悲しいことに彼は結婚後四か月ばかりで世を去ってしまいました。

奇跡をおこす王

イギリス王がヨーロッパの他の大国の王や皇帝に対抗して超自然的なオーラを体にまとうのは、なかなか難しいことでした。むしろそんな超自然性を脱皮して、宗教や教会など足の下に敷いてしまい自分が教会の首長になる、という実用的で冷徹な世俗性の徹底が、イギリス王の本領と言えるくらいです。実際、一六世紀以降はそうした道を驀進《ばくしん》していきました。

しかし中世から近世にかけて、イングランド(およびフランス)国王に「不思議な力」があったことは注目に値します。それは「王が病人の患部に触れると治ってしまう」奇跡をおこす力です。その病とは瘰癧《るいれき》(スクロフラ)という当時流行していた一種の皮膚病で、首などのリンパ節に結核性感染の腫《は》れ物ができ、慢性的に大きくなってしまうのです。そしてそれを癒《いや》すには王がその手で触れることが必要だ、というのです。ですから「王の病」とも称されました。

これはエドワード証聖王による最初の例がありますが、まだ孤立した例でした。一三世紀末から中世末までには規則的な証拠が積み重ねられ、イングランド王の属性として認められるようになります。イングランドではエドワード一世時代から、財務府の多くの公文書に証拠として残っています。一二七六〜七七年、同王は「ロイヤル・タッチ」で六二七人の患者に触れて癒し(たと信じられ)、彼らに一ペニーずつ配ったとされています。

おそらくこの慣行はエドワードの父・ヘンリ三世時代から定着しており、それはヘンリがフランスのルイ九世をまねたとも考えられています。

その後もイングランドでは、スチュアート家の王たちが宴席で式服を着た聖職者と外科医列席の下、腫れ物や潰瘍《かいよう》をなでて癒してみせるというパフォーマンスを繰り広げました。そしてアン女王の一七一四年まで、疑われつつも病人に触れて癒したのです。

クライマックスはチャールズ二世の治世で、彼は総計九万人以上の患者に触れたということです(図2-6)。王朝が替わろうと人格がどうであろうと、塗油《とゆ》の儀式で神に授けられた力をもつ王としての霊的な権能が示されていたのです。

「ロイヤル・タッチ」に関連して、一四世紀初頭のエドワード二世の時代から、王が聖金曜日に金と銀を奉納する慣習ができ、その貴金属から「治癒《ちゆ》力のある指輪」が鋳造《ちゅうぞう》されることになりました。一五世紀からは既存の指輪を王が両手の間で擦ると「痙攣《けいれん》と癲癇《てんかん》治癒に効果を発揮する」ようになり、その指輪は「痙攣指輪」(クランプ・リング)と呼ばれています。イングランドでは一五〇〇年くらいから、このロイヤル・タッチとクランプ・リングの祝別の定式書(儀式の手順や必要な祈りを定めた書)が残っています。

図 2-6　ロイヤル・タッチ．チャールズ 2 世が病人の患部に触れている

しかし、アーサー王にあやかる作戦といい、ロイヤル・タッチといい、それらがイギリスでどれほど王の権威を高めたのでしょうか。フランス王や神聖ローマ皇帝ほど、聖なる存在・神秘的存在として王を崇めるような効果はなかったのではないかと私には思えます。

むしろ王室が「慈善事業」を自ら強力に率いていく、近現代のイギリスに見られる実利的な王の存在のほうが、イギリス国民のメンタリティーには適《かな》っているのではないでしょうか。

第３章

法律・議会・立憲君主

ヘンリ３世からヘンリ７世まで

――1216～1509年――

15 世紀の国王裁判所（王座裁判所）

オックスフォード条款《じょうかん》

ジョン王の後に即位したのは長男ヘンリ三世（在位一二一六〜七二年）で、そのとき九歳でした。一二二七年に親政を始めたヘンリは、その政策がことごとく失敗して多くの禍根《かこん》を残すことになります。まず彼は、一二三〇年、父王が失ったフランスの領土を回復するべくブルターニュ、ポワトゥー、ガスコーニュへと進軍しましたが、何も得ることなく一二三四年にフランス王ルイ九世と休戦条約に調印します。また一二三六年プロヴァンス伯の娘エレオノールに惚《ほ》れて結婚したのですが、王妃が連れて来た多くのプロヴァンス人に貴族は不満を募らせ、また対外政策遂行のための金銭徴収にも不平たらたらでした。

一二五一年、ヘンリは長女マーガレットをスコットランド王にめあわせて、スコットランド王はイングランド王に臣従することになりました。ところが、教皇グレゴリウス九世が神聖ローマ皇帝フリードリヒ二世と争って、ヨーロッパの王侯たちを巻き込む世界政策を実行しようとすると、ヘンリは教皇の口車に乗ってバロンらの権利を無視し、シチリアでの教皇軍の戦費を拠出する見返りに、次男をシチリア国王に、弟を神聖ローマ皇帝にする画策まで始めます。

こうした状況下、王に反発した貴族と聖職者は一二五八年「オックスフォード条款」を発します。これは王の義弟シモン・ド・モンフォールが貴族らに担《かつ》がれ中心になって制定し、主要な官職に関する規定や地方統治改革とともに、大諸侯中心に一五人会議を設置してあらゆる国政上の問題について王に助言し行政全体を統括すること、一般の諸侯と一五人会議の連携を保つために年三回議会を召集すること、などが決められました。これによって王権がやがて「議会」という意味をもつ「パーラメント」という会合の力を認めることになりました。

オックスフォード条款はラテン語・フランス語のほか英語で書かれたはじめての公文書であることにも大きな意味がありました。この条款は翌年、地方在住の陪臣層(騎士・中小領主層)の要求を取り入れて貴族や有力者の権利と責任を再定義し、より厳しい王権制御を盛り込んだウエストミンスター条款に取って代わられます。ところがヘンリはこれらの条款を破棄し、内戦状態になりました。

ローマ教皇の手下としてふるまい、失政を重ねる国王に反感を抱いた聖職者、修道士、大学生、ロンドン市民らはシモン・ド・モンフォールの側につき、王と王太子エドワード(後のエドワード一世)は敗れて捕らえられます。実権を握ったシモン・ド・モンフォールは議会を開き、多くの聖職者のほか、各州から二名の騎士、各バラ(自治都市)からも二名の市民を集め、それから一年間はシモンが実質的な支配者になりました。

一二六五年に王太子エドワードは牢《ろう》を抜け出し、ようやくシモンの強大な権力に警戒を募らせ始めた諸侯たちの支持を得て、イヴシャムの戦いでシモン軍を打ち破り、敗死させました。そして翌年一二月、ヘンリ三世は王権を回復します。

ですが王権回復により、議会の力が弱まったわけではありません。とくに父・ヘンリ三世の次に即位した息子のエドワード一世(在位一二七二〜一三〇七年)は、対外戦争(対スコットランド、ウェールズ、フランス)で諸侯の支持を獲得し戦費を調達するためにたびたび議会を召集したので、むしろ議会の力は強まっていきました。

その後、強い王権を支持しつつも、人民に大きな負担と苦難をかける王には刃向かうことを厭《いと》わないというイギリス国民の性情は、王への中央集権と広い裾野《すその》の民主主義という相反するヴェクトルを抱えながら、頻繁《ひんぱん》に開かれるようになった議会を足場に、うねうねと、しかし着実に、立憲君主制への道を歩んでいったのです。

「プリンス・オブ・ウェールズ」とスコットランド侵攻

エドワードは即位する直前の一二七〇〜七一年に十字軍に参加して戦士としての評判を高め、政治手腕も父より優れていました。彼は登位するとまず、ブリテン島全体を治めようと決意します。そしてウェールズ大公ルウェリンに臣従を求めましたが、従わないので一二七七年に兵を派遣して征服し、自らウェールズの支配者に収まりました。

また一三〇一年、遠征中にウェールズで生まれた王子に「プリンス・オブ・ウェールズ」(ウェールズ公)の称号を与えます。イギリスの王子が(名目上)ウェールズの君主となり、現在でも皇太子が「プリンス・オブ・ウェールズ」と呼ばれるのは、ここに始まったことでした。

他方スコットランドに関しては、一二八六年にアレグザンダー三世が亡くなって王位が空位になったのに目を付けます。エドワードは二人の候補者の争いを仲介するふりをして、その実、スコットランド王を家臣にしたいと思っていたのです。一二九六年、エドワードはスコットランドに侵攻してダンバーの戦いで勝利し、反発するスコットランド人を服従させました。

ところがスコットランド総督に任じたサリー伯ジョン・ド・ワーレンが非道な統治を行い、それがエスカレートしていったことなどもあり、イングランド王の支配に対する反抗は止むことがありませんでした。

そして偉大な王として知られるロバート一世(在位一三〇六~二九年)がスコットランド王位に就くと、とうとうイングランドに反旗を翻《ひるがえ》しました。再び抑えつけようと出陣したエドワードでしたが、一三〇七年、遠征中に亡くなりました。

騎士道に夢中な王

エドワード一世は騎士の鑑《かがみ》のように勇猛果敢かつ堂々たる体軀《たいく》の美丈夫で、偉大な騎士の冒険譚を読むのが大好きでした。リチャード獅子心王やリチャード三世、ヘンリ五世なども、騎士道好きで知られています。

ここで、イギリス王と騎士道の関係を見ておきましょう。騎士道には、戦士、貴族、キリスト教の三要素が合流しており、一一世紀末～一二世紀初頭にその原型が誕生したと考えられています。最初は、勇敢に戦う力「勇猛」を美徳の随一に掲げていました。次に「忠誠」や「大度」が大切で、主人に仕え、周囲や下の者に気前よく贈り物を配らねばなりませんでした。

ただ、一三世紀初頭になると、実戦的な騎士道から儀礼じみたものへと変容していきます。騎士としてふさわしい立ち居ふるまいを心がけ、仲間との会話・社交に礼儀をもって望むとともに、女性への思いやり・奉仕に献身することを重んじるのです。また、キリスト教精神が騎士叙任式(「騎士」という身分になるための儀式。「騎士」の下には「楯持ち」や「小姓《こしょう》」などがいる)の式次第を彩りはじめ、司祭が介入して騎士を教会や弱者の守護者と位置づけます。

イギリスでは一二世紀後半のヘンリ二世時代に、多くの騎士たちが騎士道物語に心酔し、騎馬槍試合に余念がありませんでした。その一方で、兵役をお金で買うことによって免れ、実戦を行わない彼らはジェントルマン（第4章参照）化していきます。

ですからエドワード一世以降のイギリス王たちが夢中になったのは、時代遅れになった騎士道の規範を自分たちのために操作し、自らを輝かしい騎士の頂点にすえて見せることでした。

エドワードは妻に迎えたカスティリア・レオン王国国王の娘レオノールの兄、アルフォンソ一〇世によって騎士に叙任され、騎馬槍試合で大活躍しました。また一三四八年にエドワード三世がガーター騎士団を作って貴族らを飼い慣らそうとしたのも、騎士道利用の好例です。

なお、現在、王室や国家への功労者に授与される「ナイト」は、日本の勲章のような「名誉の称号」です。ガーター騎士団に代表される一四世紀以降の王や諸侯が宮廷中心に作った「騎士団」も儀礼的で華やかな名誉を与えるためのもので、十字軍とともに成立した戦闘的騎士修道士らの集団「テンプル騎士団」や「聖ヨハネ騎士団」とは、まったく別のものでした。

ともあれリチャード獅子心王、エドワード一世、三世らがイギリスの騎士モデルを作るのに大いに貢献したことは間違いありません。イギリスの騎士道も一五世紀半ばには衰退していきますが、しかしその後も王のみは勇敢で向こう見ず、凜々《りり》しい騎士たることを一貫して誇示しながら、市井の評判を高めようとしたのです。

もともと騎士とは、封建的分裂が深刻化した一〇世紀末から、大貴族と自由農民の中間に形成されてきた社会層でした。以後一二世紀半ばくらいまで、大半の騎士は土地を所有するとしてもわずかな自由民で、貴族ではない者たちでした。それが、騎士道が華やかに盛り上がり、馬や武器の自弁にお金がかかるようになると、元来の専門の騎士とその子孫は「騎士」のタイトルを放棄しはじめます。そして新たに、騎士は貴族たちと同一視されるにいたったのです。

こうしたなか、はるか高みにある存在だったはずの王までもが騎士を気取るようになったのです。そして、中世に書かれた年代記や宮廷風物語などにより、王と騎士道が補完関係にあること、誰よりも騎士道を弁《わきま》えた王こそ優れた王であることが、物語られるようになります。

王と騎士道の密接な関係は、帝王学の書というべき「君主鏡」で、王のあるべき資質と騎士の資質が適合させられていることからもわかります。『アーサー王と高貴な円卓の騎士』(アーサー王の死)(一四七〇年)などで知られるトマス・マロリーの描くアーサー王が、まさに騎士の鑑だったことを忘れてはなりません。

フランス王には神の計画の一環として特別な役割「正義・平和をもたらす」がありましたが、イギリス王にはより直接的な闘士的態度があり、騎士王としての壮挙・勝利が褒《ほ》め称えられたのです。イギリス王にとって騎士道は政治的道具として操作対象になっていたと述べましたが、言葉を換えれば、王と貴族が連合し、国家発展のなかで社会を支配するのが、前近代イギリス政治の基本なのです。

これは一三世紀末ないし百年戦争末期には確立した動きでしたが、その後も列強間の戦争、アメリカ大陸やアジアの征服、帝国主義へと進んでいく威風《いふう》堂々たる歴史の行進のなかで、その実力が示されました。

セント・ジョージ崇敬

このイギリス王の戦闘性との関係で興味深いのは、イギリス(イングランド)における聖人崇敬、とりわけ国家の守護聖人崇敬です。聖人崇敬とは古代末期の殉教者崇敬に起源し、ゲルマンやケルトの巨石や樹木崇拝などに取って代わっていった信心業です。初期中世から、聖人の遺骨や衣服の切れ端など、聖人ゆかりのものには奇跡力が備わっていると信じられ、それが納められた聖堂に病人が祈願に訪れる慣行が生まれました。そして盛期中世以降、巡礼運動とタイアップして、聖人崇敬は一層広がっていきました。

また守護聖人は、教会や修道院ばかりでなく都市や国をつねに見守り困難から救ってくれると信じられ、記念日には盛大な祝祭が挙行されました。どの聖人を選ぶかは、その土地との結

図3-1　セント・ジョージとヘンリ7世一家

びつきや何らかの奇跡などによって決まりました。たとえばフランスは聖ディオニシウス、フィレンツェなら洗礼者ヨハネ、スコットランドは聖アンドリュー、アイルランドは聖パトリックといった聖人がそれに相当します。

　イングランドではエドワード証聖王も守護聖人のひとりでしたが、圧倒的に重要なのは聖ゲオルギウス(セント・ジョージ)です(図3-1)。聖ゲオルギウスはカッパドキアないしシリア・パレスチナ生まれのローマ兵でしたが、四世紀初頭にディオクレティアヌス帝の迫害で殉教したキリスト教徒でもありました。彼は十字軍時代に戦争の守護者として非常な人気を集めました。

　盛期中世からはヨーロッパ各地でゲオルギウスがドラゴン(悪魔、異教の象徴)を退治するシーンが物語られ、絵に描かれるようになりました。イングランドでは一二二二年のオックスフォード教会会議で、セント・ジョージの日(四月二三日)がイングランド王国の祭日と定められました。また彼の旗印・紋章は十字軍の精神をイギリスにもち込み、ウェールズ、スコットランド、フランスとの戦いを正当化するものとして評価されました。

しかしイングランドにおいて彼が本格的に守護聖人の地位に昇るのは、一四世紀になってからでした。おそらく一三四八年にエドワード三世が自分の「ガーター騎士団」をセント・ジョージの旗の下にまとめたことが、躍進の大きな要因だったのでしょう。後述する百年戦争の途中、イギリス軍はあちこちで「セント・ジョージ！」と、鬨《とき》の声として叫んだといいます。

セント・ジョージはイギリスのどの地とも結びつかないことが幸いし、一五世紀後期には非常に多くの聖堂が彼に捧げられました。どれかの病を癒すとか特定の職業に結びついた聖人ではなく、イングランド全体の守護聖人になったのです。彼の十字架はイングランドのナショナル・フラッグとなり、連合王国のユニオン・フラッグにも中に座を占めています（カバー袖図参照）。

一四世紀以降には、セント・ジョージはイギリスの守護聖人たるとともに、王室の守護者にもなりました。この勇ましい聖人崇敬は宗教改革を生き延びて、子どもの名になり、教会や船などにも彼の名が付けられました。四月二三日のセント・ジョージ記念祭にはさまざまな行事が催されるようになり、エドワード一世の孫にあたる同三世はその日、聖人への敬愛の気持ちを込めて、一〇〇人の貧者にそれぞれ一・五ペンスを喜捨しています。

そして続くリチャード二世のときに王室との結びつきは制度化され、セント・ジョージの旗が王の周囲にはためくことになるのです。さらにすべての兵士は服の前後にセント・ジョージの紋章を付ける慣行ができていき、セント・ジョージはイギリス王の守護聖人であり、かつイギリスという国・国民のそれになっていくのです。

模範議会

さて、勇猛で知られたエドワード一世でしたが、ウェールズやスコットランドへ版図を広げた一方で、フランス王フィリップ四世にはフランス南西部のアキテーヌ地方を取り上げられており、それが後にフランスとの「百年戦争」へとつながっていきました。

また国内では、一二九五年にいわゆる「模範議会」(パーラメントと聖職者会議の合同会議で、続く議会の模範になったわけではない、と近年の研究では考えられている)を開催していますが、それはスコットランド、フランスそしてウェールズなどへの軍事遠征にお金がかかり、その出費の承認を得るためのものでした。大司教、司教、大貴族らのほか、各州の二名の騎士と各バラ(自治都市)二名の代表、下級聖職者も出席してほぼ全国民の代表者が集まり、先行する一三世紀後半のいくつかのパーラメントともども後のイギリス下院(庶民院)の起源になりました。そして課税の同意以外に、あらゆる法令の施行および廃止に議会の承認が必要になりました。一四世紀初頭にかけて慣例が定着し、いよいよ代議制が実質化していったのです。

それでも、王の権力がなくなったわけではありません。それどころかエドワード一世時代、ますます王と議会はもちつもたれつ、たがいになくてはやっていけなかった、と言ったほうが正確でしょう。王が臨席しない議会はありえませんし、王の承認なしの議決も存在せず、むしろ王が議会の決定に大きな責任を負うことにもなったのです。

この時代に、法概念・法意識および司法制度・官庁機構などが整備され、国王宮廷(クーリア・レギス)から独立した議会を中心とする統治機構ができていったのです。エドワード一世は、議会と並んで「国王評議会」を重視し始めます。この行政諸機関の長や聖俗有力者を集めた会議は、当初の助言者集団から行政執行機関へと脱皮していきました。

寵臣《ちょうしん》の跋扈《ばっこ》

ところがエドワード一世の息子で王位を継いだエドワード二世(在位一三〇七～二七年)はパーティーが大好きで、幼友達で寵臣のピアーズ・ギャヴェストンと同性愛的関係を結んでいました。王妃にフランス王フィリップ四世の娘イザベラ王女を娶《めと》りましたが、ギャヴェストンをコーンウォル伯、また王不在時の摂政に任命するという大抜擢《ばってき》をしたため、王妃とそのまわりに集まったヘンリ三世の次男でエドワード二世の従弟《いとこ》ランカスター伯トマスらが猛反発します。ギャヴェストンは数度の国外追放の後、ある伯たちが処刑してしまいました。

さらに一三一四年、エドワードはスコットランド中部のバノックバーンでスコットランド軍に敗北。スコットランド王ロバート一世は北イングランドとアイルランドに戦線を拡大していきましたが、一三二三年にはイングランドと一三年間の休戦協定を結びました。また一三一五年には未曾有《みぞう》の飢饉《ききん》に襲われ、三年間、王侯貴族さえ食べるものにこと欠くありさまでした。

ところがエドワードは懲りもせずに、ギャヴェストンに代わる寵臣をウィンチェスター伯ヒュー・ディスペンサー親子に見出しました。しかし王と対立するようになっていたイザベラ王妃は、イングランドの人びとの広範な支持をえて王たちを追いつめ、一三二六年ディスペンサー父子を裁判の上処刑しました。王もまた捕らえられました。

百年戦争の始まり

王の名において召集された議会が、その当の王であるエドワード二世を廃位しました。そしてその子エドワードがエドワード三世（在位一三二七～七七年）として即位します。

その後しばらくして、私人とされていたエドワード二世は、ブリストル北のバークリー城で殺害されたのです。情けない生涯を送った父を継いだエドワード三世ですが、幸いなことに彼は勇猛で賢明な祖父の血を受け継いでいたようです。王位に就いたのは一五歳のときで、それから五〇年もの間統治しました。その治世は、フランスとの「百年戦争」(一三三七〜一四五三年)にずっと印づけられます。

一三二八年にフランス王シャルル四世が亡くなると、エドワード三世もフランス王位を主張して、シャルル四世の従兄にあたるヴァロワ伯フィリップの登位に異を唱えました。というのもエドワードは、フィリップ四世の娘イザベラの息子だったのですから。

エドワードのフランス王位主張に対し、フランスはガスコーニュ地方を没収し(エドワード一世時代にフランスが実効支配していたガスコーニュおよびアキテーヌは、一三〇三年のパリ条約でイングランドのものとされていた)、さらにフランドルをも併合、ここに「百年戦争」が勃発します。

一三四〇年、オランダのスライスの海戦でイングランド軍はフランスの艦隊を撃破。一三四六年、クレシーの戦いでもイギリスの長弓隊が大勝利を収め、さらに一〇年後のポワティエの戦いでも勝って(図3-2)、フランス王ジャン二世を捕虜にし、莫大な身代金を手に入れました。

しかしエドワード三世の晩年、フランスの攻勢に遭います。戦費調達のために税を課す同意

図 3-2　百年戦争，1356 年
ポワティエの戦い

を得る目的で、議会が開かれました。会議を重ねる過程で議会は力を増し、庶民院と貴族院が別々に集会するようにもなり、議会制が本格的に軌道に乗っていきます。

その後、一三六九年に最愛の王妃フィリッパを失ったエドワード三世は悲しみに沈み、さらに体調を崩して指導力を発揮できずに、一部の都市（カレー、ボルドー、ブレスト、シェルブールなど）を除く大陸のほとんどの領地をフランスに奪い返されてしまいました。

戦費に窮《きゅう》したエドワードが一三七六年四月から六月にかけて二年半ぶりに開いた議会は、腐敗した王の宮廷と国王評議会を厳しく非難し、新たな評議員を任命するとともに横領を疑われた造幣《ぞうへい》局長を弾劾《だんがい》・投獄し、政治に介入する王の愛人アリス・ペラーズを排除しました。この改革的議会は「善良議会」と呼ばれています。

一三七七年にエドワード三世が亡くなると、孫のリチャード二世（在位一三七七～九九年）が一〇歳で登位、事実上の権力は国王評議会にゆだねられました。ランカスター公ジョン・オブ・ゴーントがもっとも発言権が強く、後に彼を中心とする派閥と、それに対抗して、親政を始めたリチャード二世の後押しも得た反ランカスター公派が宮廷闘争を展開して政治は混乱、王の信望も失墜しました。

ワット・タイラーの乱

追い打ちをかけたのが、国内での反乱です。中世、プランタジネット朝の頃には、都市に住んでいる住民は約一割、残りはすべて農村住民(農民)でした。イギリスの人口は一三〇〇年当時約五〇〇〇万人、それが一四世紀半ばからの黒死病(ペスト)の度重なる襲来で激減しました。すなわち一四五〇年には二〇〇〇~三〇〇〇万人にまで減ったとされています。

農村は労働力不足に陥り、これがかえって待遇改善の好機となりました。土地所有が流動化し農業経営が改良されたためです。また、いわゆるヨーマン(独立自営農民)が出現し、農業・技術の改革を利用した商品生産を盛んに行うようになりました。

こうしたなか、リチャード二世時代におきたのが人頭税の徴収をめぐる暴動です。反乱者の多くは、貧しい者により重い負担がかかる新たな税制に反発し、聖職者ジョン・ボールの説教「アダムが耕しイブが紡《つむ》いでいたとき、だれが領主だったのか」との教えに共感していました。

反乱はイギリス各地、とくにエセックスとケントに集中していて、もっとも代表的なものが一三八一年におきた「ワット・タイラーの乱」です。タイル屋根葺《ぶ》き職人ワット・タイラーに率いられたエセックスおよびケントの労働者と農民はカンタベリからロンドンに向けて行進し、政府高官や法律家の罷免《ひめん》を求めました。彼らはロンドンに着くと法的記録を破棄し、牢屋を開け、家々から略奪しました。王と大臣らは逃避、叛徒《はんと》は不人気な貴族ジョン・オブ・ゴーントの邸宅を荒らします。さらにはカンタベリ大司教と何人かの王の役人を亡き者にしました。

ワット・タイラーらは、経済・社会改革をも訴えていました。たとえば、農民が自分で選んだ雇い主のために働けること、そして農奴制、さらには領主制の廃止を求めたのです。六月一五日、呼びかけに応じてワット・タイラーと叛徒はリチャード王と面会しました。話し合いは当初友好的でしたが、途中から険悪になり、タイラーらは王の忠臣に斬りつけられて、斬首《ざんしゅ》されてしまいます。王は農奴制廃止の約束も反故《ほご》にし、ジョン・ボールら二〇〇人ほどの叛徒も処刑しました。それでも農奴制は徐々に消えていき、一五世紀には消滅することになります。

このイギリス史上はじめての民衆反乱は、既存秩序を脅《おびや》かすということで支配層の拒否反応をおこしたようです。秩序・安定を大切とするイギリス人にとって、時代に先駆けた身分・階級の平等化要求など、とても受け入れられなかったのでしょう。

百年戦争の結末

リチャード二世には子がなく、叔父のランカスター公ジョン・オブ・ゴーントが王位継承を主張して自分の息子に次の王位を継がせようと画策しますが、一三九九年に亡くなり、リチャードは叔父の広大な領土を没収します。しかしリチャードがアイルランドに行っている間に、叔父の息子ヘンリ・ボリングブルックが王位継承を求めて領地を奪回しようと反乱軍を組織し、内戦状態になります。晩年、暴政のため人望を失ったリチャードに対し、ヘンリは支持を集め、王はロンドン塔に閉じこめられました(図3-3)。そしてヘンリがヘンリ四世(在位一三九九〜一四一三年)として即位します。しかし正統であったリチャード二世を廃して王になったヘンリ四世の王位正統性は、曖昧でした。

一四一三年に亡くなった父ヘンリ四世を継いだヘンリ五世(在位一四一三〜一四二二年)時代、停戦状態にあった百年戦争が再燃します。ヘンリ五世はアザンクールの戦いで大勝利を収めてノルマンディー、アンジューなどを取り戻し、凱旋《がいせん》帰国します。一四二〇年にはブルゴーニュ派とトロワ条約を結んでフランス王位継承者となりますが、その後、戦況が逆転してスコットランド軍の加勢を得たフランス軍がイギリス軍に勝利し、ヘンリ五世は一四二二年に赤痢のため死去。息子のヘンリ六世(在位一四二二〜六一、七〇〜七一年)が生後八か月で即位してヘンリ五世の弟ベッドフォード公ジョン・オブ・ランカスターが摂政になりました。

肝心の英仏戦争は、ジャンヌ・ダルクの登場もあってフランスに勝利の女神がほほえみ、シャルル七世がランスで戴冠式を挙げます。その後、イギリスはカレーを除いて大陸から全面的に撤退します。かくて一四五三年、百年戦争は終結しました。

フランスを敵として長く戦ったため、イギリスでは愛国心とイギリス人としての共通意識が生まれていました。そこではセント・ジョージなど守護聖人崇敬の盛り上がりも一役買いましたし、大陸の領土を失ったからこそ島国としての明確な国境線をもつ国民国家ができていったという事情もありました。その国民国家を代表して担うのは、もちろん王と議会でした。

この間、上流階級でふつうに使われていたフランス語は衰退し、初等教育プログラムからもはずされて、家庭でのフランス語教育もなくなっていきました。議会での討論と議事録もフランス語から英語に替わり、法廷の弁論や判決も英語で行うことが義務化されていきます。

図 3-3　ロンドン塔．ウィリアム 1 世征服王に起源する王所有の重要な城で，牢獄，造幣局としても使われた（写真：123RF）

薔薇《ばら》戦争――果てしない殺し合い

百年戦争が終結した一四五三年、ヘンリ六世の妃マーガレットに子が生まれ、エドワードと名付けられます。マーガレットは頼りない夫を馬鹿にし、多くの貴族から「ランカスター家の領袖《りょうしゅう》」と仰がれました。一方、精神不安定なヘンリ六世の摂政になっていたヨーク公リチャードが反乱をおこします。彼は「不義の子」と噂のあるマーガレットの子よりも、エドワード三世の血をより濃く引いている自身が王位に相応《ふさわ》しいと主張したのです。

リチャードを推すヨーク派は結束を図り、ウォリック伯リチャード・ネヴィルを中心に団結します。ウォリック伯は、全国二〇州におよぶ数百もの氏族を従えていました。対する国王（ランカスター）派は、王妃マーガレットが率いました。前者は白薔薇、後者は赤薔薇がシンボルだったので、一四五五年以降の三〇年におよぶ両派の戦争は「薔薇戦争」と呼ばれるようになりました（ランカスター派の赤薔薇のほうは、実際は戦争終結後にはじめて導入）。ヨーク派は「ヘンリ六世の次の王冠はヨーク公の嫡男《ちゃくなん》エドワードに渡るべきで、ジョン・オブ・ゴーントの子孫（エドワード王子）にではない」と言い張ったのです。

緒戦《しょせん》はヨーク派が勝利したものの、女丈夫のマーガレットが反撃に転じます。恩赦《おんしゃ》を示されたヨーク派はちりぢりになり、加えて議会がヨーク派の指導者を裏切り者と認定したので、ヨーク公はフランスに逃亡します。勝ち誇るマーガレットは徹底的な捜索をして、ヨーク派を大勢処刑しました。ところが勝利の美酒に酔う間もなく、今度は半年でランカスター派が劣勢に陥り裏切り者も続出。一四六〇年六月にヨーク公がフランスから帰還すると、マーガレットの息子エドワード王子は王位継承権を放棄します。

その後も、戦況はシーソーゲームのように行ったり来たりし、ヨーク公の死、エドワード四世(在位一四六一〜七〇、七一〜八三年)の戴冠、ヘンリ六世のスコットランド亡命、エドワード四世とかつての盟友ウォリック伯の対立、ヘンリ六世のロンドン塔虜囚《りょしゅう》と王妃マーガレットの逮捕、その子エドワード四世の殺害、その息子で当時一二歳だったエドワード五世(在位一四八三年)の司教たちによる庶子《しょし》認定、そのエドワード五世と弟ヨーク公リチャードのロンドン塔投獄、彼らの悪辣《あくらつ》な叔父リチャード三世(在位一四八三〜八五年)の戴冠……と事態はめまぐるしく推移し、そうした振り子の揺れる間に、ヨーク・ランカスター両家とそれらを支持する貴族家系は、おびただしい数、惨殺《ざんさつ》・処刑され続けたのです。

ヨーク家内部でも血まみれの政争が繰り広げられ、無辜《むこ》の者でさえ簡単に処刑されてしまいました。「王位を安定させるために」と、その権利が少しでもありそうな候補者とその一族を根絶やしにしてしまおうとする、信じられない蛮行でした。

そしてジョン・オブ・ゴーントの玄孫《やしゃご》で、リッチモンド伯エドマンド・テューダーを父にもつランカスター家のヘンリ・テューダーが、亡命先のブルターニュから戻って一四八五年のボズワースの戦いでリチャード三世を破り、ヘンリ七世(在位一四八五〜一五〇九年)としてテューダー朝を新たに開始します。その翌年、彼はエドワード四世の娘と結婚し、かくてヨーク家とランカスター家はようやく結合したのでした。

しかしそれでもヨーク派は不満足で反乱をおこし、ウォリック伯を王位につけようと画策してアイルランドから兵を集めたりしましたが、一四八七年六月、ストーク・フィールドの戦いで壊滅し、三〇年以上におよぶ薔薇戦争は終結したのです。

薔薇戦争はイギリス史上もっとも長い内乱でした。大貴族の家系の多くが根絶やしにされ、エドワード三世時代に八六家あった大貴族家系は、薔薇戦争後は二九に激減してしまいました。しかしそれは王位継承権を主張する者の数も減らしたので、王権の安定的維持をもたらし、王と中小貴族および一般国民とを相互に結びつける新たな国制の形成が加速されていきます。

しかもこの激しい大貴族同士の死闘は一般民衆には別世界の出来事だったということが、フランスなどと大いに異なるイギリス内戦の特徴です。農民や都市民が殺戮《さつりく》され建物が破壊されるようなことはなかったのです。その結果台頭してきたのはジェントリやヨーマン層でした。

ヘンリ七世は大貴族に依存しない統治を目指し、強化した国王評議会(国王側近で構成され、国王が大権を行使し、地方の直接支配を行うときにその媒体となった)を中心に、聖職者、騎士、法曹《ほうそう》家、商人らも官僚に取り立て、能力に応じて政治に役立てるようにしました。星室庁《せいしつちょう》を新たに創り、不当な訴訟幇助《ほうじょ》、反乱、不法集会などをそこで審理して国王権力の増強もしました。

しかし議会を無視したわけではなく、七回も召集しています。一四世紀半ば頃から諸侯たちの集まり(貴族院)と騎士・市民らの集まり(庶民院)は別々に開かれるようになっていましたし、一五世紀に入ると王への資金提供については庶民院が優位に立つようになりました。

王は外交もうまく、スペインやフランスなどと条約を締結して友好関係を保ちました。そして息子ヘンリ八世の時代にかけて、絶対王政にも類する強力な王を戴く時代となるのです。

都市の商人と職人

さて、中世の後半にジェントリやヨーマンが台頭してくることについては述べましたが、では都市の商人や職人たちはどうだったのでしょうか。

ロンドンやヨークをはじめとする大都市では、早くから自治的な体制が敷かれていました。

一二〜一三世紀以降になると中小都市も国王・伯・司教などの都市領主から自治権を得て自ら市長を選び、租税徴集や都市裁判所による裁判も認められることになりました。ただし都市裁判所は民事事件とささいな刑事事件を担当し、大罪の刑事事件は国王法廷管轄《かんかつ》のままでした。

都市の担い手は商人と職人で、彼らの組織たるギルドが中心になって都市政治を担っていました。市長のほか都市参事会も、彼らの代表から選ばれたのです。都市人口は農村から移民をつぎつぎ受け入れることでふくらんでいきました。

また、中世後半のイギリスには、一〇〇前後の職業があったと言われています。多くの職人は製品を作るだけでなく、それを販売する小商人をも兼ねていました。ほかに仲買人ともいうべき安く買って高く売る商人もいましたし、遠隔地からの輸入と輸出を手がけていた大商人もいました。彼らは船に布地や織物、香辛料を積んで海を越えて通商し、富を築くチャンスも大きかったのですが、それは危険とも隣り合わせでした。

都市に工房を構えるおもな職人には、織物業者、皮鞣《なめ》し工、靴《くつ》職人、指物《さしもの》師、蹄鉄《ていてつ》職人、染め物職人、金銀細工師などがいました。こうした者たちが集まってできた兄弟会(フラタニティー)と同職ギルドとは、区別が曖昧です。前者は聖人を共通に崇敬するとともに相互扶助をし、定期的に宴会をもよおして親睦《しんぼく》に努めました。守護聖人の祝日には物故者と現会員すべてのためのミサ、他の宗教的祈禱、宴会、娯楽……と、さまざまな活動がありました。またメンバーの病気や貧窮《ひんきゅう》を皆で支え、なかには施療院《せりょう》を備えている兄弟会もありました。

同職ギルドは都市における同職職人や商人の集まりで、各手工業や商売の社会的・経済的規制を目的として、業種の取引規制や余所《よそ》者の介入の排除、仕事の作法や製品の品質管理、徒弟・職人・親方の権利と義務などを定めていたのですが、兄弟会のように宗教的側面ももっていました。同職ギルドと兄弟会は一三〇〇年以前にもありましたが、その黄金期は一四～一五世紀でした。

一四世紀のエドワード三世時代には、多くの都市がいよいよ自治都市として発展しました。司教座都市(シティー)と議会代表選出都市(バラ)の別はあっても、いずれも自由な自治都市となり、また国の議会に代議士を送ることができるようになるのです。これらの都市は州長官(シェリフ)を介することなく徴税請負額を財務府へ納入しましたが、一四世紀の経済不況、黒死病は都市の商業にも打撃を与え、小さな都市は自治をやめて、州長官の支配下に入る道を選ぶこともありました。

エドワード三世時代の末期には、羊毛輸出が減った代わりに国内毛織物工業が発展し、国際市場に向けた毛織物輸出が増え、ロンドン、ヨーク、ニューカッスルなどに毛織物輸出独占商人組合ができました。こうして一四～一五世紀、しばしば農村工業と結びついた問屋制生産が都市で登場し、毛織物輸出は何倍にもなりました。これで富裕化した都市市民層は、農村のジェントリと同等の地位を得ることになりました。

後期中世都市の商人・職人について概観しましたが、イギリス都市の性格はイタリアやフランスとは全く違います。というのも、イングランドはアングロ・サクソン時代の末から早くも州(シャイア)に区分され、王に責任を負う州長官が支配していたからです。つまり都市は農村と区別されずに扱われ、市民階級は王の租税徴集人の直接の支配から免れるという特権は得られても、農村住民との社会的・文化的な違いは唯一ロンドンを除けば微弱だったのです。

その後、数十～数百しか人口のない極小都市(タウン)、千数百～数千の人口を擁する地方経済・政治の中心たる州都市(カウンティー・タウン)、一万人を超えるロンドンやヨークなどの大都市に分かれていき、工業都市や造船都市や鉱泉都市が出現して存在感を増していきます。

いずれにせよ、王室は忠実なジェントリによる都市の寡頭《かとう》政治を支持し、財政上・軍事上の必要から都市の特権侵害を推進したため、イギリスでは都市の自治はイタリアやフランスほど発展しませんでした。

図 3-4　林務官をやっつけるロビン・フッド

ロビン・フッド伝説

ところでイギリスの伝説としてもっともよく知られているのは、先に挙げたアーサー王伝説とならんで、ロビン・フッド伝説ではないでしょうか。アーサー王が王侯貴族の模範だとすれば、民衆たちのヒーローこそがロビン・フッドです(図3-4)。

今日知られるロビン・フッド像は、中世の伝説のアウトローとはかなり違うかもしれません。近年の伝説が一六～一七世紀の劇作家によるものなのに対し、中世に広まったのは放浪のミンストレル(吟遊詩人《ぎんゆう》)によって歌われた口頭伝承で、もろもろのバラッド(韻文《いんぶん》の歴史物語、一種の語り物)に生き残っています。伝説の起源は不明ですが、おそらく一四世紀前半ではないかと考えられています。

多くの初期版では、バーンズデイル地域で活動していた一群のアウトローたちがモデルになったことを想像させます。中世末のバラッドを聴いていた民衆にとっては、ロビンは新たなヒーロー、つまり古い宮廷風物語の英雄騎士ではなく、肩書きも所領もない「ヨーマン」であり、しかも彼とその従者たちは盗賊《とうぞく》でありながら貴族的な美徳や物腰を備えていたのです。

まだ中央国家権力が弱くて地方行政が腐敗していたときに、高貴な盗賊が悪を正して正義を実現する姿は喝采《かっさい》されたのでしょう。最初は庶民、ついで一五世紀にはジェントリ層や貴族、ついには国王にまでアピールしていきました。

初期(一五世紀)の話では、ヨーマン出身でありながらアウトローになったロビンが、仲間とともに「客」を待ち受けて食事に誘います。彼らは森のなかで「客」となったある騎士(サー・リチャード)を歓迎する宴《うたげ》を開きますが、盗賊としての本性を現して代金を要求します。ところが騎士が「騎馬槍試合で相手を殺してしまい追われる身となり、借金もしている」と身の上話をすると、ロビンは義侠《ぎきょう》心にかられて四〇〇ポンドを貸すのみか、騎士としての立派な装いをさせ従者をも貸してやったのです。その後、仇敵の代官との対決、捕らえられた騎士の救出、変装した王との出会いや盛大な宴会と弓試合、宮廷への出仕などのシーンが続きます。

この痛快な武勲《ぶくん》は、ジェントリから小作人まで広い層に受け入れられました。ロビンは有徳の士から金品を奪うことは禁じていましたし、ターゲットは皆の敵、高位聖職者や代官や裁判官という権威を笠に着て庶民を苦しめる者たちでした。他方、国王のことは深く敬愛していたのです。彼らは王権に刃向かうのではなく、単に御料林《ごりょうりん》法を犯していただけなのです。

一六世紀にはいくつものロビン劇が新たに創られ、三匹の犬を連れたタック修道士らおもしろおかしい登場人物も加わり、五月祭に上演されるようになりました。王自らもこの祭を楽しむことがあり、とくにヘンリ八世は何度もロビンさながらに扮装《ふんそう》したり、弓の腕を披露《ひろう》したりしました。近衛《このえ》兵らが緑の服と頭巾《ずきん》のいでたちでロビン一行に扮し、ロンドン郊外の森で王一行をもてなしたこともあったそうです。ヘンリ八世の娘・エリザベス一世も即位直前、一二人の侍女と緑の服をまとったヨーマン二〇人とともにロンドン近郊の森に鹿狩りに出かけ、黄色の帽子、緋《ひ》色の長靴、金張りの弓を携えた五〇人の射手に出会っています。

ルネサンス期の王侯貴族らの優雅な催しに、ロビン・フッドはうまく適応したようです。その後も劇作家らがロビン劇を新たに作り、近代には詩・俗謡・音楽劇も作られていきました。

十字軍から帰ったリチャード一世はノッティンガムの城砦が弟ジョンの支配下にあるのを怒って攻囲しましたが、そのリチャードにロビンが仕えていたという物語もあるのです。

イギリス王はアーサー王伝説を利用して自分が貴族・騎士の代表たることを示しましたが、ロビンとのつながりでは王が庶民の代表たることを誇示しようとしたのではないでしょうか。

第4章

絶対主義の確立とルネサンス

ヘンリ8世からジェームズ1世まで

――1509～1625年――

ヘンリ8世

ヘンリ八世の対外政策

薔薇戦争を終結させたヘンリ七世を継いだ息子ヘンリ八世(在位一五〇九～四七年)は、狩りや騎馬槍試合のほか、テニス、レスリング、アーチェリー、ボウリング、鉄棒投げなどスポーツ万能、ラテン語とフランス語も流暢《りゅうちょう》に話し音楽も作曲する、明敏で活発な王でした。

他方、その残酷さが非難されることもあります。六人の妻(図4-1)のうち二人を処刑台に送り、大貴族や高位聖職者は宰相三人を含めて五〇名も死刑にしたのです。じつに毀誉《きよ》褒貶《ほうへん》の激しい王でした(本章扉絵参照)。

ヘンリ八世は即位後、大陸の大国との争いに巻き込まれます。フランスのルイ一二世と友好関係を結びながらも、フランスと敵対するアラゴン王と条約を締結《ていけつ》したり、ローマ教皇・神聖ローマ皇帝らの「神聖同盟」に加わったりと、フランスを攻める姿勢も見せました。

一五一三年には自ら軍を率いてフランスを攻撃します。フランスと同盟関係にあるスコットランド王ジェームズ四世がイングランドに攻め込んできましたが、フロドンの戦いで撃退し、ジェームズを敗死させました。ヘンリは財政が悪化したため、フランスと和平を結ぶことにして、妹のメアリをフランス王ルイ一二世に嫁がせます。

図 4-1　ヘンリ 8 世の妻たち．左から，最初の妻キャサリン・オブ・アラゴン，エリザベス 1 世の母アン・ブーリン，最後の妻キャサリン・パー

その後すぐにルイ一二世が亡くなってフランソワ一世が後を継ぐと、両国の友好関係は一層進展し、一五二〇年には「金襴《きんらん》の陣」と呼ばれる絢爛《けんらん》豪華な祝宴をフランスにあるイギリス領のカレー近郊で一緒に開催しました。まもなく神聖ローマ帝国皇帝兼スペイン国王のカール五世がフランスと干戈《かんか》を交えたときに、ヘンリはカールを支援して北フランスに侵入、再び関係を悪化させますが、一五二五年には講和を結びます。

彼はさらに合同法(一五三六年)でウェールズ公国を解体し州に再編して英国行政に含め、自ら最初のウェールズ王(プリンス・オブ・ウェールズは「王」ではなく「公」となり、一五四一年には自分のアイルランドのロード(支配者)の肩書きを「アイルランド王」に変えて、アイルランド王国を確立しました。

公用語としての英語の他国への押しつけがここに始まり、それはやがてイギリスの帝国主義的拡張とともに世界中に広まっていくのです。

英国国教会の誕生

国内では、王妃キャサリンとの間に男子が生まれず焦ったヘンリ八世が、結婚は無効だと唱えますが、妻に抵抗されます。窮したヘンリはローマ教皇に結婚の無効を願い出たものの、同意を得られませんでした。そこで彼は議会でつぎつぎ法律を通し、教皇と徹底的に争います。

枢機卿《すうききょう》でもあった大法官トマス・ウルジが期待に応えられなかったため、ヘンリは一五二九年空想的社会小説『ユートピア』で有名なトマス・モアを大法官に起用し、トマス・クロムウェルを補佐役にします。後者の働きは非常に大きかったのですが、前者ともども後にヘンリによって処刑されてしまいます。

同年には「宗教改革会議」を開催してローマとの関係を絶ち、一五三三年にはカンタベリ大司教から結婚の無効を手に入れるとともに、上告禁止令を発してローマへの上告権を廃し、聖職者もイングランド王の裁判所で裁かれるようにしました。

そして一五三四年に国王至上法が出され、ヘンリはイングランド教会唯一の首長になります。ここにイギリスの宗教改革は実現し、教皇とイングランドはつながりを断って英国国教会（イングランド国教会）が成立、その長に国王自身が就くという宗教界の大変革がおきたのです。さらに王は巡礼地の多くを破壊して修道院を解散、その土地を没収します。修道院はマナー・ハウスとなり、行き場を失った修道士は年金を与えられ、結婚することもありました。

没収した宏大な修道院所領は売り払われ、ヘンリはその金で海岸沿いにいくつもの城のネットワークを築きました。売り出された修道院の土地を購入したのは新興ジェントリ層でした。彼らは土地領主となって台頭し、治安判事の職を得るなど地方行政・裁判を担いました。ビジネスで成功し財を成した市民層も、土地をもつことでジェントリ層に参入していきました。

ですがローマとの断絶・宗教改革によって、イギリス人の信仰の内実がすぐに大きく変質したわけではありません。ドイツのルターやフランスのカルヴァンの宗教改革とは違うのです。カトリックのまま政治的に独立した、と評したらよいでしょうか。ですがそれはイギリス人の集合的記憶を大いに変容させ、過ぎ去ってしまったかつての幸せな時期(Merry England、中世の牧歌的な時代)への深いノスタルジーを抱かせました。ここに生まれた新たな歴史意識とともに、一六世紀のイギリス人は危機を生きていると感じていたようです。

それでも徐々に、イングランドの宗教はカトリックとは変化していきます。一五四五年にはラテン語に代わって英語が教会儀式の言語と定められましたし、ヘンリ八世の三番目の妃ジェーン・シーモアを母にもつ次代のエドワード六世(在位一五四七~五三年)は、より根本的に礼拝のあり方を変革しました。教会からは主祭壇、キリストや聖人像、聖遺物箱、聖職者の祭服、内部装飾、蠟燭《ろうそく》、香、あるいは寄進礼拝所、兄弟会、ギルドなどが撤去・廃止され、聖人崇敬、ロザリオをもち運ぶこと、死者の魂のための祈りなども禁じられました。

晩年、ヘンリ八世は再びスコットランド、フランスと戦端を開きますが、スコットランドでは勝利を収めたものの、対フランス戦は神聖ローマ帝国のカール五世との連携が崩れてうまくいきませんでした。徐々に健康も悪化し、一五四七年に亡くなります。

「ヘンリ八世は残虐な暴君でまともな精神状態ではなかった」という説もありますが、イギリス史のその後の進路を決定づけたという点では、偉大な王で人気もあります。彼は議会を重んじ利用しながら課税を再組織し、王による統治体制を確立していきました。

この時代、貴族勢力が衰退したこともあり、議会は貴族院中心であったものから、庶民院が独立してコモン・ローに基づいて諸懸案を審議したり立法したりする機能をもつようになりました。宗教改革期の議会を通じて、王は議会の承認なしにはいかなる強権も発動できないことも確認されていきました。国民はどの階層も王制自体に不信や不満をもつことなく、王がしっかりと国を守り民を助けてくれるなら、自由気儘《きまま》な所行も許していたのです。

図 4-2　ジェーン・グレイはエドワード 6 世の死後，政争に巻き込まれて 16 歳で即位．わずか 9 日後にメアリによって廃位され，処刑された

国王至上法と礼拝統一法

早世したエドワード六世を継いだのは、ヘンリ八世と最初の妻キャサリンとの間にできた娘のメアリ（在位一五五三〜五八年）でした。このメアリ一世はカトリック教徒だったので、父の宗教改革を否定しローマ教皇の至上権を復活させました。そしてイングランド史上最初の「女王」（正式な君主と認めない史家も多い）となったジェーン・グレイ（図4-2）はじめプロテスタント（宗教改革によりカトリックから分離した新教徒）の主だった者たち、カンタベリ大主教、ロンドン主教、ウスター主教、オックスフォード・ケンブリッジ両大学の神学者、聖書英訳者など、総計三〇〇人もがロンドン塔送りになり、処刑されたのです。

この残虐さゆえ、彼女は「血まみれのメアリ」と恐れられました。彼女は自身がスペイン人の血を引いていたこともあり、スペイン王子フェリペ（後のスペイン王フェリペ二世）と結婚しましたが、四年後に子がないまま亡くなります。

そして登位したのが、ヘンリ八世二番目の妻アン・ブーリンの娘、エリザベス(在位一五五八〜一六〇三年)でした。彼女は母が姦通《かんつう》の廉《かど》で処刑されて庶子となり、王位継承権を剥奪《はくだつ》されましたが、一五四三年に権利が復活していたのです。

当初女王は、カトリックとプロテスタントを妥協させようとしました。父の国王至上法を修正し、礼拝は英国国教会の方式を採るものの、教会制度の面では主教制を維持するカトリック的な伝統に戻ることにしたのです。

しかしやがて彼女は、プロテスタントを柱に王権を固めていくことになります。エリザベス一世の国王至上法は一五五九年に法制化・発布されたもので、王の国教会における称号を「首長」(Supreme Head)ではなく、女王が有しても反発が少なそうな「最高統治者」(Supreme Governor)に変え、イングランドの全役人に国王への忠誠誓約を義務づけました。

同時に出された礼拝統一令では、国教会の礼拝への参加および共通祈禱《きとう》書の使用を命じました。これは一五五二年にエドワード六世が発令し、カトリック推進のメアリによって撤廃されていたものですが、それをエリザベスが再び発令した、というわけです。決められた形で祝祭日の典礼や日曜ごとのミサを執行することが命じられ、聖職者の服装についても定められて、礼拝は独自色を強めていきました。

また一五六三年に作られた「三十九信仰箇条」は、英国国教会の教義の要綱を示したもので、主教会議での検討を経て上下院で修正のうえ可決されました。ここには、プロテスタント諸派のさまざまな影響が取り入れられています。

かくてエリザベス一世の教会体制は明らかにプロテスタント寄りになっていき、カトリックの長たるローマ教皇権を否定し、聖画像崇敬を「偶像崇拝」と退けます。プロテスタントの説教も定期的に行われるようになりました。そしてフランス(とスペイン)を敵国と位置づける動向ともからんで、「敵」としてのカトリックという風潮がイギリス中に広がっていくのです。

ただイギリスの場合は「プロテスタント」といっても、より世俗的あるいは政治的なイギリス独自の宗教でした。ですから英国国教会は、カトリックともピューリタン(清教徒、おもにカルヴァン派)とも対立することになるのです。なお、北に隣接するスコットランドではイングランドとは異なり、長老派(ピューリタンの一宗派、牧師と信徒代表の長老とが平等に教会を統治する制度)の教会が成立し、これは現在まで継続しています。

エリザベス朝ルネサンス

エリザベス一世は宗教面では国教会を確立し、内政は祖父と父が始めた絶対主義を完成させ、そして外交面では華々しく海外進出を成し遂げました。しかし今日その名声をもっとも輝かせ

図4-3　エリザベス１世

ているのは、文化面でルネサンスの花を咲かせたことでしょう。

彼女の母アン・ブーリンは一五三六年に五人の男との姦通で訴えられ、その五人とともにヘンリ八世の命で処刑されます。しかしヘンリの六人目の王妃キャサリン・パーが最高の教育を自分の子でないエドワード王子やエリザベス王女にも与えてくれたおかげで、エリザベスは優れた教養を積むことができました。ラテン語、ギリシャ語、フランス語、イタリア語にも長け、各国の使節と通訳なしでやりあい尊敬を集めたそうです。エリザベスの宮廷を中心に文化の黄金期が現出し、彼女はそれにふさわしい豪奢《ごうしゃ》な衣装をまとって公に姿を現しました（図4-3）。

では、いわゆるイギリス・ルネサンスの成果をここで眺めてみましょう。エリザベスの父、ヘンリ八世時代の人文主義者として有名なのが、すでに紹介したトマス・モアです。法律学とともに古典研究を修めて王に信頼され大法官になりましたが、離婚問題にあくまでも反対したために、ロンドン塔に入れられて処刑されてしまいました。彼の著作『ユートピア』の第一部は、暴君や私有財産を原因とする社会の害悪を論じ、第二部ではかような害悪のない理想郷を、宗教的寛容、六時間労働、共産制、男女の差を問わぬ教育などで表しています。これは後のユートピア文学のモデルとなり、また社会主義者の思想にも影響を与えました。

エリザベス時代は、旅芸人たちの仮設舞台に代わって常設劇場が作られ始めた頃で、ロンドンに一〇以上が設営されました。専属団員も雇われて、演劇の隆盛をもり立てていました。エリザベスと次のジェームズ一世の時代には、おびただしい劇作家の活躍で際立っています。なかでも飛び抜けて有名なのが、ウィリアム・シェークスピア(一五六四～一六一六年)です。

彼のほぼ全作品に王が登場するばかりか、主役になっているものも多いのです。シェークスピアが劇作品を書いたのは、王が神格化されるのに忙しい時代であったため、そうした王観念と、それへの疑惑が色濃く反映しているのはたしかです。

王冠を正統な王から奪い取った王は亡霊に悩まされて夜も眠れず苦しむのであり、あるいは正統な王を支持する貴族らの反乱にも悩まされるのです。シェークスピアの著作『ヘンリ八世』では、王は偉大な人物として輝かしい存在感がありますが、その性格づけは多義的で曖昧《あいまい》です。むしろやがて登位するであろう生まれたばかりのエリザベスの燦然《さんぜん》たる治世が最後に予言されていて、彼はエリザベス時代を理想化していたことが窺《うかが》われます。

またシェークスピアと同い年の作家に、クリストファー・マーローがいます。彼は二九歳で刺殺されてしまったために作品は少ないのですが、傑作を残してくれました。ティムールの生涯から材を取った戯曲『タンバレイン大王』は、同名の主人公が残忍な所行を重ねて国土拡大・権力獲得を実現しますが、最愛の女性の死にこの世の空しさを痛感して死ぬというお話です。『フォースタス博士』はファウスト伝説をもとにした悲劇で、学問に行き詰まったフォースタスが悪魔メフィストフェレスと契約を結んで逸楽の毎日を過ごすものの、最後は罪を償《つぐな》う悲惨な結末を迎えます。

シェークスピアの少し後に生まれた詩人で劇作家のベン・ジョンソンは、古典学者としても知られています。とくに喜劇に優れ『十人十色』や『ヴォルポーネ』『錬金術師《れんきんじゅつし》』などが有名です。彼が考案したのは気質喜劇と称されるジャンルで、市民たちの愚かしくも欲深い性格と生活を容赦なく暴いて見せました。古典的規範を遵守《じゅんしゅ》したため、人物が型にはまって現実離れしていると批判されることもありますが、その風刺《ふうし》は卓抜です。

一六世紀末から一七世紀にかけて、エリザベス女王を神格化した神話的世界が作られることにも注目すべきでしょう。エドマンド・スペンサーの『妖精の女王』（一五九〇、九六年）という作品が代表的で、妖精の世界を通じて道徳的寓意が語られています。そしてエリザベス女王こそ「妖精の女王」グロリアーナである(さらに第三巻に登場するベルフィービーでもある)とされています。

さらに、この時代に作られた王宮や貴族の屋敷に付随する庭園も、ルネサンス文化の小宇宙になって、意匠を凝らした幾何学的なデザインが競い合われました。

海賊としての女王

エリザベスの時代、もう一つ特筆すべきことがあります。イギリスは大航海時代の新世界開拓にスペインやポルトガルよりも遅れて参加しましたが、その海軍力増強により、たちまち優位に立つことになりました。ですが海軍力といっても、じつはその主力は、なんと私的な「海賊」だったのです。海賊が大活躍したのは、一六世紀後半から一七世紀初頭のことです。

海賊行為のうち国家あるいは国王が公認しているものを「私掠《しりやく》」と言います。王としては、海賊の規模が拡大しても黙認しているだけということで公的な責任をとらず、個人たちが勝手にやっているという立場だったのですが、実際は国策と言ってもかまわないものでした。

これはヨーロッパ各国が利用した手管ではありますが、多くの場合、それらは反政府側の支援を受けていたり商業団体が後援したりしていました。ところがイギリスではまさに国家がお墨《すみ》付きを与え、しかも頻繁《ひんぱん》かつ盛んに行われたことが特徴的です。とりわけエリザベス女王時代が全盛期で、スペインに対抗できたのはこれがあってこそでした。

具体的には、海賊フランシス・ドレイクが、大西洋上でスペインの財宝を積んだ船を襲って奪うことを繰り返していました。彼は一五七七〜八〇年にスペイン植民地から運ばれる金銀財宝をさんざん略奪しましたが、女王は目を瞑《つむ》ってくれました。

その後、スペイン支配とカトリック強要に反発したプロテスタント国のオランダがイギリスに助けを求めたため、女王は一五八五年、とうとうオランダを助けるべく軍を派遣します。スペインのフェリペ二世(メアリ一世の元夫)はイングランドを侵略しようと計画しましたが、一五八七年、逆にドレイクによってカディスで打ちのめされてしまいます。

さらに一五八八年、ドレイクは「無敵艦隊」(アルマダ)と呼ばれるスペイン艦隊百三十隻を後ろから襲って砲火を浴びせ、パニックに陥らせました。スコットランド周辺を北上したアルマダはひどい嵐に襲われて、五十三隻を失ってしまいます。その後、制海権はスペインからイギリスに移り、後者による北アメリカ植民も行われていくのです。

これらの海における壮挙が、国としての公的な事業とばかりは言えないところが、おもしろいところです。つまり公私混淆《こんこう》で、私的な海賊行為が大いに貢献したわけです。こうした事情から「エリザベス女王は海賊だ」と敵方のスペインが彼女を非難し、他国も追随しました。ところがそのうちイギリス自らが「女王は海賊だ」と、誇らしげに唱えるようになったのです。そしてフランシス・ドレイクは「女王陛下お抱えの海賊」と呼ばれました。この正式の国家海軍の代替としての私掠は、貿易不振の補いにもなりました。

その後、戦争形態が変わって私掠が過去のものになると、一六四九年、オリヴァー・クロムウェルによる共和制時代に「常備軍」としての国家海軍が本格的に成立することになります。

エリザベス一世は英国国教会を確立させるとともに、経済通の中産階級出身の政治家を多く登用して、イギリスを繁栄に導きました。とくにウィリアム・セシルは、国務卿・大蔵卿として四〇年間も女王を支えました。

イギリスは、外交的には海賊をも利用してなんとかフランス・スペインの圧力を跳ね返しましたが、度重なる戦争は徐々に重荷になり、経済的危機もたびたびおきました。貧者はますます貧しくなり、凶作や疫病《えきびょう》もあって都市には浮浪者や失業者があふれます。そのため「救貧法」が制定されて一九世紀まで続くのです。これが華やかなエリザベス時代の裏の面です。

長老派を国教とするスコットランド

さてこの時代、イングランドとスコットランドの関係はどうなっていたのでしょうか。長期にわたって両者は静かに並び立っていたのですが、テューダー朝イングランドが絶対王政を目指し、宗教を王の下におくことでそれを遂行しようとすると、平穏な関係は変化していきます。両者はたがいに略奪・殺戮《さつりく》し合い、反目が高まることになるのです。

エリザベス一世と彼女を支える宰相ウィリアム・セシルは、カトリックのスコットランド女王メアリ・スチュアート排除を目指すプロテスタントの反乱に乗じて、スコットランド南部に侵入して占領します。そして一五六〇年一二月、エディンバラ条約が結ばれました。それにより、スコットランドをめぐって争いあっていたイングランド軍とフランス軍がスコットランドから撤退し、宗教的内乱も収束しました。

こうしたなか、一三世紀から続いてきたスコットランドとフランスとの古い同盟は廃止され、スコットランドはローマ教皇の権威を否定し、ラテン語によるミサの挙行も禁止されて、カトリックの影響が大幅に弱まるのです。一六世紀半ばにはカルヴァン派に近いジョン・ノックスを中心とする長老派が台頭してスコットランド国教会を作っていたので、スコットランドはいよいよプロテスタントへの道を邁進《まいしん》することになります。

以後も、スコットランドとイングランドはときに干戈《かんか》を交えながらも、王位継承の偶然から、一六〇三年に共通の国王を戴くようになるのです。

悪魔学者の王ジェームズ一世

一六〇三年にエリザベス女王が亡くなると、王冠はエリザベスによって処刑されたスコットランド女王メアリ・スチュアートの息子でエリザベスの従弟にあたるジェームズ一世(在位一六〇三～一六二五年)に被せられることになります。スチュアート朝の始まりです。スコットランド王(としてはジェームズ六世)だった彼がイングランド王ジェームズ一世になり、かくてはじめてイングランド・スコットランド・アイルランド三つの王国が、おなじ王を戴くことになりました。

こうして三王国は同君連合王国となったのですが、これは一八世紀に実現する統一への一里塚として評価できます。それでも三者の歴史は異なっており、宗教もスコットランドはプロテスタントといっても長老派(カルヴァン派)、イングランドは英国国教会、アイルランドはカトリックでした。

ジェームズ一世は長老派と英国国教会をいずれか一方に統一はせず、並存させせました。しかしこの態度にカトリックは裏切られたと感じ、ジェームズの即位二年後の一六〇五年、兵士ガイ・フォークスに率いられたカトリックの過激派が、議会の開会式に合わせて王とその周囲の者を爆殺してプロテスタント貴族も一掃しようという計画を立てたのです。ですがこの陰謀は、実行の数時間前に裏切りによって暴かれました。

ジェームズはごりごりの王権神授説を奉じていたため、議会とも対立します。彼は一六〇九年の議会演説で「王は地上において神にも類する権力を行使しているのだから神と呼ばれてもよい」とまで言っています。その後も「いかに偉大な人間であろうと王に服従すべきであり、魂の救いのためだろうと財産生命を守るためだろうと、至高の権力をもつ王にさからうべきではない」とか「王は生殺与奪の権・臣民を形成し廃棄する取捨の権を有していて、神に対してしか責任を負わない」などと、議会演説や下院宛書簡で繰り返し、自著においても幾度も論じました。王は議会を下におき、法律や議会の特権の上に立とうとしたのです。

しかし議会は、王領からの地代収入を王室に納めないなどの脅しをちらつかせて抵抗しました。当時の議会はジェントリや州騎士などが主体で、議員たちは議会の自由や都市の自由を制限されることは避けたかったのです。

じつは、ジェームズは「悪魔学者」でもありました。彼はカルヴァン派の教義を学ぶとともに、フランスの悪魔学者ジャン・ボダンの著作などにも通じていて、悪魔の力や魔女の術策にたいそう詳しかったのです。一五九〇年、二四歳のときには、スコットランドの港町ノース・ベリックで行われた魔女裁判にも立ち会いました。そこで残忍無比の拷問を受けた「魔女」がとうとう罪を告白するのを聞いて、歓喜したのです。あるサバト(魔女集会)において、自分(ジェームズ)がこの世における最大の敵だと悪魔が演説した、という話にとりわけ涙を流さんばかりに喜びました。その後彼は、この世にはおびただしい魔女がおり、その魔女と相謀《あいはか》って王殺しを企《たくら》む者が何人もいると妄想するようになったのです。

ジェームズは自ら『悪魔学』(一五九七年)という著作も書いています。そこでは「イギリスがプロテスタント時代になって宗教改革前よりも悪魔の手下たる魔女や妖術師がひしめくようになり、カトリック教徒はそうした者らと組んでプロテスタントを攻撃しようとしている。だから神から王権を授かった国王こそが魔女を弾圧し一掃すべきだ」と述べています。

こうした極端な王権観を抱いていたジェームズは、英国国教会の神学者や聖職者たちから支持され、オックスフォード大学の神学教授なども彼に好意的でした。カトリックやピューリタンに対抗する議論を支持するうちに、王自身が暴君になることを彼らは忘れていたようです。

じつは先代のエリザベス一世も魔女を恐れ、彼女の治下で魔術を重罪と定める法律が発布されていました。そして実際、イングランドでは、エリザベス・ジェームズ時代に魔女狩りの蛮行が絶頂を迎えたのです。魔女や妖術への信仰は、さまざまな宗派のあるキリスト教全体をまとめた統一的なキリスト教共同体のイメージを提起できるという効用もあったので、革命を生き延びることになり、イギリスでは一七世紀にも多くの悪魔学文献がものされました。

ジェントルマンの台頭

ところで、イギリスといえば「ジェントルマン（紳士）の国」というのが条件反射のように出てくるのではないでしょうか。ジェントルマンはもともと、たんなる「紳士」ではありません。彼らは田園地帯に広大な土地屋敷を所有する地主階級なのです。ではそうしたジェントルマンとは、いつ、いかにして形成されたのでしょうか。

ジェントルマンという用語は「ジェントリ」から来ています。ジェントリはもともと身分としては平民ですが、ヨーマン（独立自営農民）より上の地主として、それぞれの地域社会で重きをなしていました。州やその下の郡（ハンドレッド）の治安維持に中心的役割を果たしていた彼らは、一三世紀後半には中央政府の全国的治安維持機構に組み込まれ、一四世紀になると下級裁判官たる治安判事職が制度化されて、その職に就くようにもなりました。

テューダー朝の頃には彼らは地方行政の主役になり、また中央の議会(庶民院)にも進出して、貴族とともに支配階級を形成していくのです。それは貴族のような身分・法的定義というよりも、人望と経済力を備え、立派な家屋敷を構え、作法・品格もふさわしく、やがて紋章も許される、事実上の認証・通念です。

図4-4　ジェントルマンの農村における邸宅「カントリー・ハウス」の一例

そこにはやがて、名を成した法律家、聖職者、医者や富裕な商人なども加わっていきます。当時、爵《しゃく》位《い》貴族は一二〇〇人ほどしかいませんでしたので、上流階級の大半はジェントリ(約二万人)が占めていたことになります。

ジェントリの社会的尊敬を集める名士としての側面、地位にふさわしい社会的義務を進んで果たす存在としての側面に焦点を当てた呼称が「ジェントルマン」です。彼らは国を守るためならいつでも召集される予備役でもありました。ふだんは働かないのが彼らの特性で、「卑《いや》しい仕事などすれば、生まれが穢《けが》れてしまう」と考えていました。名誉を重んじるのは貴族とおなじで、彼らは国のため地方のため政治・行政・司法にたずさわるのがよいとされました。

彼らの行動原理は「名誉」でした。州長官職や治安判事職といった報酬のない地方官職を得たいのは、公的奉仕をすることによる名誉を手にするためでした。敬称や言葉遣いを重視し、会食や公的な儀礼の場での席次は厳密に守らねばなりませんでした。こうした公的活動をしない期間、つまり一年の大半を彼らは田舎で遊び暮らしていました。昼間は狩りや乗馬を楽しみ、夜になればダンスパーティーや音楽会、仮面舞踏会にうつつを抜かすのです。

そんなジェントルマンの裾野《すその》が広がったのは、新興の商人層や富裕化した借地農らが参入してきた一六世紀でした。しかし一六八〇～一七四〇年頃には、爵位貴族およびジェントリ最上層部ら大地主に土地が集中し、ふつうのジェントリらの所有地は減っていきます。

さらに一八世紀後半になると、貴族が衰退傾向になるのに対して、産業革命で財を成した産業資本家が土地を手に入れ、ジェントルマンの列に加わります。そして世帯の規模に応じて、家令ないし執事、ハウスキーパー、従者、レディーズ・メイドら上級使用人のほか、数多くの下級使用人を雇うようになっていきました。また、土地所有や血統よりも行動の「ポライトネス」を重視した、新たなジェントルマン概念も生まれてきました。

納得の階級社会

ここで階級社会としてのイギリスについて考えてみましょう。一六～一七世紀にかけての近世にその姿が明確化したので、ここで取り上げるのがふさわしいと思います。

ヨーロッパ諸国で、イギリスほど身分差別が固定化された国はありません。もちろん身分制は他国にもずっと以前からあり、中世にはヨーロッパの全域で三身分論(祈る人、戦う人、働く人)がありました。しかしながら、イギリスでは近世に入って独自に進化したのです。

一六世紀の社会理論家はふつう、ジェントルマン(ジェントリ)、市民(ブルジョワ)、ヨーマンおよび職人、そして労働者の四階級に分けました。ここでは貴族もジェントルマンの頂点に位置づけられているようです。四階級のうちジェントルマンの数はごく少なく、反対に賃金労働者、徒弟や奉公人、農業労働者らは人口の八割程度も占めていました。それぞれの階級には独自の性格・徳性があるとされ、しかもこれは固定されていて、職業ともども、ほとんど移動・選択の余地がなかったのです。英国国教会もそれを神の意志、宗教上の義務として神聖なるものと教えました。一八世紀には、頂点に座る国王から底辺の臣民まで、より詳細な身分・職業による階級区分もなされるようになりました。

その「階級」は、生活とふるまいのすべてにおいて隠れず表に現れるもの(であるべき)でした。一六～一八世紀にかけて、各階級の明確な見かけができます。まずは住宅の大きさ・装飾などで階級を反映し、まさに住宅サイズが資産の指標となったのです。

天井の高さや窓枠の材質(石ならジェントルマン、木製ならヨーマン)も違いました。とりわけ貴族の邸宅は見せびらかしの場でもあり、家具、食器、インテリア、床・天井の材質、装飾品などが彼らの高い地位を象徴しました。寝具さえ厳密に分かれ、ジェントルマンはダウンのマットレス、ヨーマンは羽毛、一般農夫は屑毛《くずげ》、労働者は麦藁《むぎわら》といった具合です。椅子《いす》の種類形態や蠟燭《ろうそく》の材料など、家にあるあらゆるものが階級別でした。語彙《ごい》からして相違が大きく、英語のアクセントや話し方で出自や階級まで分ってしまうのです。

いくら商業が活発になり国の繁栄に不可欠の職業となっても、社会的地位を確保するのは「土地所有」であり続け、一六～一八世紀、庶民院議員の八割近くは地主エリートでした。内閣の閣僚ときては、二〇世紀初めまで世襲貴族の大所領持ちでした。軍や官僚、教会や法曹界の高職もそうでした。

もちろん現在は階級制度などどこにもなく、あるのは意識だけなのですが、イギリス人の多くは、今もこうした階級差を納得しているという驚くべき事実があります。労働者、中流、上流階級、それぞれが自分の出自を誇ってさえいるのです。ですから、お金持ち即「上流」というわけではありません。イギリスで社会秩序とは、法と慣習と階級の別を尊重することにあるようです。イギリスの階級制度ないし貴族主義は長い歴史のなかで経験的に作られてきた産物で、差別的な政治や軍事力にものを言わせた結果ではありません。いわば民主的に作られているのです。階級の頂点にいる王の存在も、そのとおりです。

こうした国民性は「相応《ふさわ》しさ、適切さ」という趣向にも向かわせます。礼儀正しい作法の国であることを誇るのは階級のいかんを問いませんが、これこそ貴族制、階級制の優雅にして奥ゆかしい面の全国民への反映とみなしうるでしょう。貴族の権威や信用、ネットワークには現在でも大きな力があり「彼らにこそリーダーとなって国を率いてほしい、そのために彼らは長年訓練を受けているのだから」と、貴族・ジェントルマンでない者たちも信じているようです。彼らあってこそエリートが卑俗にならず、民主主義や自由主義の本義が守られるのだ、つまりは階級制度が民主主義の基礎だとする、倒錯《とうさく》した考え方がまかり通っているのです。

現代のイギリスは、ごく一部の人が贅沢三昧《ぜいたくざんまい》の生活をするかたわら、大半の民衆は生活苦にあえぎ失業者も山ほどいます。なかには、イギリスの階級社会に息苦しさを覚えて、オーストラリアやアメリカに移住するイギリス人もいます。それでも多くの人びとは「階級はすばらしい」という、不思議な国です。

救貧法と怠惰《たいだ》な貧者

さて、それでは王は、この貴族社会・階級社会でどんなスタンスを取ってきた、あるいは取るべきなのでしょう。王室とその一族は、当初外国からやってきた「よそ者」でしたが、この国に階級制度と階級意識をつくった大元でもありました。階級社会の頂点にいるのが王で、王は血統の重要性を身をもって示すとともに、少数の貴族たちに支えられて政治を行ってきたからです。さらに王は、イギリス社会のあらゆる名誉の源泉でもあるのです。

一五〇〇年頃から三〇〇〇年くらいかけてイギリスは大きく変わり、階級社会にしてネーション、すなわちグレートブリテン(イングランド、ウェールズ、アイルランド、スコットランド、および帝国)になり、国は繁栄していきました。こうした繁栄を極め富が蓄積されていった国において、余裕のある階級が貧者に対して何もしなかったはずはありません。

一六世紀以降、イギリス社会は継続的にさまざまな貧民対策を実施しています。最初はキリスト教的な慈善観、すなわちキリスト教徒たる者は貧者に喜捨をして霊的救いを求めねばならない、とされました。富者が貧者を救えば貧者は祈りでお返ししてくれ、その結果、富者の罪が贖《あがな》われて煉獄《れんごく》ですごす時間を減らせるのだ、という理屈です。だからこれは相互の義務であり、連帯と社会的調和の思想でもありました。

こうしたキリスト教的善行から、やがてそれは自分の責任でなく不可抗力で貧窮《ひんきゅう》化した者の法的救済へと移り変わります。一五三六年、ヘンリ八世のもと、前出のトマス・クロムウェルは「怠惰な貧者は罰して仕事に就かせ、病気や老齢のため働けない貧者のみ救うべきだ」と、新たな法律を作りました。そしてその頃、多くの市民が募金者となって慈善運動に参加しました。大半の募金者は二ペンス以下のごく少額を寄付しています。一五六〇〜七〇年代には、ノリッジやエクセターでの試みが、初期イギリスの救貧対策を代表するものになりました。エクセターでは週ごとの献金システムが作られて、係員が小教区住民から募金を集めて貧者に再配分していました。

救貧法行政が本格化するのはエリザベス朝で、一五九八年および一六〇一年に「エリザベス救貧法」が発布されたのがきっかけです。この法制により、労働不能貧民については税金で救済するが、働ける貧民は強制してでも仕事に就かせ、貧民の子弟を年季奉公に出す務めが、各教区の教区委員および貧民監督官に任されることになりました。

エリートたちは労働を讃美《さんび》しましたが、それは自分たちが働かないためでもありました。労働者階級の労働あってこそ国は富み栄えるし、ジェントルマン階級も生活必需品を手に入れられる。ですから労働者には、強制してでも働いてもらわないと困るのです。

救貧法でも、貧困撲滅《ぼくめつ》には強制労働がもっともよいと謳《うた》われました。労働者は訓練し強制してでも働かせるべきで、待遇改善などの要求には刑罰をもって相対する。それでも矯正《きょうせい》することのできない者は左肩にR字の焼き印を押され、強制労働を科されました。救貧院では、監督官が鞭打ちしたり手枷・足枷を付けたりする屈辱的な仕打ちをすることさえありました。

その後の救貧法を見ていくと、一六六二年、一六九七年、一七二三年、一七八二年、一八三四年と新たな法規が作られますが、いずれも「怠惰な貧者は保護する代わりに罰則を加え強制的に働かせよう」という一五九八年と一六〇一年の理念を繰り返すものでした。

私には、この貧者対策や救貧法には、階級社会の負の側面が表れているように思われてなりません。

第５章

革命のもたらしたもの

チャールズ１世からジョージ３世まで

――1625～1820年――

ピューリタン革命で斬首されるチャールズ１世

王の処刑、ピューリタン革命

一七世紀は、英国史でもっとも騒々しい時代と言われています。一六二五年にジェームズ一世が亡くなると、息子のチャールズ一世(在位一六二五〜四九年)が即位します。彼は父王同様スチュアート家の伝統ともいうべき王権神授説を奉じ、絶対主義君主としてふるまおうとしました。また彼は英国国教会のプロテスタントでありながら、フランスのカトリックの王女アンリエット・マリーと結婚、カルヴァン派とも争うことになります。

チャールズは対フランス・スペインとの戦争に失敗し、議会は王に税金(内帑金《ないど》)の徴収を認めましたが、一年限りの条件付きでした。怒った王は議会を解散し、反対者を投獄したり強制ローンを課したりしました。さらに戦費がかさむと王はやむをえず議会を召集しますが、議会は一六二八年に「権利の請願」を提出、議会の同意のない課税や勝手な投獄を王に認めさせないことを主張しました。これは中産階級の「マグナ・カルタ」とも呼ばれる重要文書です。

しかしピューリタンの支配する議会と王は鋭く対立し、ロンドン主教ウィリアム・ロードは王と組んでピューリタンを迫害します。この頃、王のごく身近な諮問《しもん》機関である枢密院《すうみついん》(国王評議会が一五三〇年代に再編されてできた)とは別に、大臣たちの集まりである「内閣評議会」が登場しました。ロードは一六三三年にカンタベリ大主教になり、カトリック的な装飾や荘厳な儀式を導入しようと全小教区に委員を送ったため、ピューリタンらの非難を浴びます。一方チャールズは一一年間も議会を開かず、忠誠心に篤《あつ》い高位貴族＝騎士の奉仕義務に訴えたり、かつて王領だった荒地を開拓した者たちから罰金を徴収したりして、資金不足をしのぎました。

しかし一六三五年、船舶税を海岸都市だけでなく内陸でも徴収しようとして一層反発を浴び、やむなく一六四〇年に議会を召集しましたが、王と議会の対立のためわずか三週間で解散されました。北イングランドに進軍し占領したスコットランド軍対策もあって、チャールズは資金不足のために同年、再び議会を開催せざるをえなくなります。議会は一六五三年まで続いたので、先の議会を「短期議会」と呼ぶのに対し、こちらは「長期議会」と称されています。

チャールズは三年ごとの議会開催を義務づけられ、議会の同意なく解散もできなくなりました。王領を侵略した土地所有者への罰金は不法とされ、船舶税も廃止されました。王の助言者ストラフォード伯の処刑や、議会が王に提出した国王大権まで制限しようとする急進的な抗議文たる「議会の大諫奏《かんそう》」（一六四一年）の結果、国内全土が議会派と国王派に分裂して内戦になりました（一六四二～五一年）。最初は国王派が優勢でしたが、鉄騎兵を率いたオリヴァー・クロムウェルが各地で国王軍を撃破すると形勢は逆転、王は捕らえられて裁判にかけられ、斬首《ざんしゅ》刑になりました。これが「ピューリタン(清教徒)革命」です(本章扉絵参照)。

クロムウェルによる共和制

一六四九年三月、王制と貴族院は廃止され、オリヴァー・クロムウェルの下、イギリスは史上はじめて共和制になります。チャールズ一世の息子、後のチャールズ二世はスコットランドと盟約を結び反撃に出ますが、クロムウェルによって打倒され、逃亡しました。

議会派リーダーで護国卿になったクロムウェルは偏狭《へんきょう》な原理主義者で、あらゆる娯楽を罪悪視して市民に禁じ、劇場も閉鎖、土曜の夜一二時から月曜の午前一時まで、イン(居酒屋)への入場も禁止しました。「共和制」といっても実際は軍事独裁のピューリタニズムの押しつけでしたが、クロムウェルは自分だけは王様気取りで、豪華な宮殿住まいを楽しみました。

一六五八年のクロムウェル死後、その息子は護国卿の職をすぐに辞し、一六六〇年五月にチャールズ二世(在位一六六〇~八五年)の王政復古に至ります。

国王を斬首したピューリタン革命は、「絶対主義を倒した市民革命」として評価されることがある反面、イギリス史最大の汚点とされることもあります。この革命は、こうした純粋主義、原理主義はイギリスには合わない、共和制はイギリスの政治体制として簡単に根付かないことが実証されたという意味でも、大きな教訓になりました。

ところで、ピューリタン革命を経てもイングランドのアイルランド植民地化の熱意は衰えないどころか、より一層激烈になっていました。クロムウェルは総督としてダブリンに赴任して残虐行為にふけり、住民六〇万人もが虐殺され、あるいは餓死したのです。

彼はまたイングランドへの忠誠者(英国議会に忠誠を誓うプロテスタント)にシャノン川以東の肥《ひ》沃《よく》な土地を与え、敵対する者らはシャノン川以西コノハタ地方の山間部にある痩《や》せた土地へと追いやりました。さらにアイルランド人の歴史の「記憶の抹殺」にも着手し、学校は閉鎖され、知識人、芸人、職人を追放ないし虐殺、焚書《ふんしょ》や作品破壊に邁進したのです。

拡大する植民地政策

またこの時代、イギリスとフランス両国は従前のスペイン、ポルトガルに続き、国の産業発展と富の蓄積のために植民地と貿易拠点を得ようと努力していたことも見逃せません。

一七世紀頃から、他国と同様イギリスも重商主義を採用します。国家が生産と交易を組織的に統御し、植民地からの金銀・産品を確保して蓄え、特許状付与や独占的な会社の認可により特定の産業を推進することで、経済競争を勝ち抜こうとしていました。一六五一年の航海条例は保護主義（貿易をイングランドの船に限定した）の宣言でした。そうした流れに乗って植民地獲得が目指され、そこから金銀・産品を引き出そうとしたのです。

イギリスは北アメリカ東南部につぎつぎと植民地を建設し、カリブ海ではジャマイカをスペインから獲得、アフリカからの黒人奴隷を酷使してプランテーション経営を行い、砂糖生産で大いなる利益を得ました。さらにアジアにも侵出して、インドに拠点を築いていったのです。

王政復古

さて、父と違ってチャールズ二世は快活放縦《ほうじゅう》な性格で「陽気な国王」と呼ばれました。彼の時代、オランダ植民地だった北米のニューアムステルダムがイギリス領になってニューヨークと改名されたほか、娶《めと》ったポルトガル王ジョアン四世の娘キャサリン・オブ・ブラガンザを介してインドのボンベイとモロッコのタンジールも確保し、大英帝国の基礎を築きました。

チャールズは王殺し以外の罪人を赦免《しゃめん》し、宗教の自由を約しました。仮議会が王に実権を戻し、貴族院と庶民院の権限も旧に復しました。しかし王がカトリックを贔屓《ひいき》にしたため、英国国教会の保守派が反発します。そしてその意を受けた議会は、一六六一年の「地方自治体法」では市町村役員は国教徒に限るとし、翌年には「統一令」を定めてすべての聖職者に共通祈禱《きとう》書を使うよう命じましたが、多くの聖職者が反発して職を辞しました。

一六六五年の「五マイル法」は、非国教徒の聖職者が、彼らを追い出した教区の五マイル以内にくることを禁じました。さらに一六七三年「審査法」が成立し、カトリック教徒はその後長らく、公職および大学教育から排除されることになります。

チャールズ統治下ではペスト流行(一六六五年)やロンドン大火(一六六六年)などの悲劇もあったものの、経済は順調に成長しました。農業に加えてますます商業・交易が盛んになり、また石炭鉄鋼業も急速に栄えたのです。

ですが、チャールズ二世には庶子が多数いたものの嫡子《ちゃくし》には恵まれず、一六八五年に王が亡くなると、不人気な弟ジェームズ二世(在位一六八五〜八八年)が即位しました。彼は即位前の約束を破って自分とおなじカトリック教徒を有力な役職に就け、さらに一六八七年には「信仰自由宣言」を発して、カトリックや非国教徒プロテスタントへの差別・処罰を停止しました。

なお、ジェームズの王位継承に反対する者たちが議会においてホイッグ党になり、血筋の正しいジェームズの継承排除を嫌う者たちはトーリー党となりました。トーリー党には貴族を中心とし国教主義を奉じる保守派が多く、かたやホイッグ党は、おもに都市の商人や産業家と一部のジェントリが担い、王権の制限と宗教上の寛容を目指す進歩派でした。

名誉革命へ

一六八八年、ジェームズ二世に息子が生まれると、信仰自由宣言のためにイギリス王座にカトリック王が座る可能性が高まり、国民は不満を募らせます。そこで七人のプロテスタントの大貴族が立ち上がり、オランダ総督でプロテスタントのオレンジ公ウィレム（チャールズ一世の孫）に嫁いでいたジェームズの娘メアリを招きます。メアリはプロテスタントでした。五万の兵をつれてイングランドにやって来た彼らはほとんど抵抗をうけずに上陸、ジェームズはフランスに逃亡します。一六八九年にメアリと夫ウィレム（英語名ウィリアム）は、夫婦ともに王として戴冠式を挙行しました。これが「名誉革命」です（図5-1）。

図 5-1　メアリ２世とウィリアム３世

メアリ二世（在位一六八九～九四年）とウィリアム三世（在位一六八九～一七〇二年）は一六八九年、議会と人民の権利が記載された「権利宣言」に署名しました。それが「権利の章典」として発布され、王には法律の停止権がなく内政は議会に任せる、議会の同意なく王が徴税したり常備軍を維持するのは不法……というイギリス流立憲君主制の伝統を打ち立てました。

また、王は毎年議会を召集し、軍事・財政面では議会に従属することになりました。二つの政党のひとつから大臣を選ぶこと、議会を通じて政府与党の政策を実施することなども確立し、事実上、議院内閣制が始まりました。王は外交上の必要から、政党政治を受け入れたのです。

おなじ一六八九年には「宗教寛容法」も出され、国教会でない非国教会のプロテスタントにも信仰の自由が認められました。彼らの政治・教育上の権利は、国教徒とほぼおなじになりました。さらに一七〇一年には「王位継承法」が、イングランド王は「プロテスタントでスチュアート家の血を引く者に限る」と定め、近代立憲制度の礎となりました。

さて、それでは『王様でたどるイギリス史』の立場から見て、イギリス史上の大事件であるこの二つの「革命」はどう位置づけられるでしょうか。まず、「マグナ・カルタ」に始まる、王が議会によって掣肘《せいちゅう》される動きが一段と確立し、法律・制度によって保障されていったことが重要です。王の権限は制約され、勝手な濫用《らんよう》はできなくなりました。王は定期的に議会開催を求められ、王が財源を確保するためには全面的に議会に依存しなければならなくなったのです。

また、イギリス(人)としてのアイデンティティの拠り所についての考え方がまとまってきたのも、この時代でしょう。それは、国王はプロテスタント(国教会)に限るという議会決定にも象徴されますが、国の仇敵をカトリックとする宗教的な方針も同様です。

カトリックの最大の後ろ盾がフランス(とスペイン)と目されていました。そして一六六六年におきたロンドン大火をはじめとするあらゆる災厄が、カトリックの仕業だとするデマが流され、このころ出版が盛んになった安っぽい三文新聞で広められていきました。プロテスタントの人びとの間では、自分たちは神から選ばれた特別な存在だから怪物的で悪魔的なカトリックには負けない、という思い込みもふくらんでいきました。

スペイン継承戦争とグレートブリテン連合王国の成立

ウィリアム三世の後を継いだのは、ジェームズ二世の次女アン(在位一七〇二〜一四年)でした。姉のメアリ女王夫婦に子がいなかったためです。

アン女王の治世とほぼ同時に始まったスペイン継承戦争は、イギリスの司令官マールバラ公爵の活躍でフランス軍に連戦連勝、一七一三年のユトレヒト条約ではジブラルタルやミノルカ島獲得に加えて、アフリカから黒人奴隷を得る権利を得ました。

また、アン女王はプロテスタントとして養育されたので宗教的な問題はなく、一六〇三年に同君連合となっていたイングランドとスコットランドの女王になることができました。

しかしじつは、スコットランドとイングランドの争いは、同君連合になってからも国境を挟んで続いていました。スコットランドは押され気味で、とくにピューリタン革命中の一六五一年、王党派の拠点と目されてクロムウェルに攻め込まれたり、名誉革命でスチュアート朝正統のジェームズ二世が追放・廃位されたりしたことも、衝撃をもたらしました。

一六九〇年代に飢饉で多くの死者を出したスコットランドは、イングランドとの合併の利点を呈示されてそれに乗り、一七〇七年イングランド・ウェールズとスコットランド合同法がウェストミンスター議会で可決・調印されました。ここに今日まで続くグレートブリテン連合王国が成立し、名実ともに一つの国家としての「イギリス」「連合王国」ができたのです。その最初の記念すべき君主に、アン女王が就きました。

その後、イングランド人、ウェールズ人とおなじくスコットランド人も「おなじ議会」の議員となり、税金も「おなじ国家」に支払うようになりました。もちろんスコットランドの議員数は一割に満たず、発言権は小さいので不満もありました。また、合併したとはいえ、裁判制度、教会制度、その他一部の法制度は別々でした。

イギリス国王は、自身は国教会のプロテスタントでなくてはならないものの、イングランド国教会およびスコットランド国教会(長老派)をともに「神聖なものとして擁護《ようご》し、かつ保持する」という議会制定法上の義務を負うことになりました。イギリス国王は英国国教会についてけ「最高統治者」で、大主教、主教、補佐主教、主席司祭といった主要聖職者を首相の助言の下に任命するのですが、スコットランド国教会については最高統治者ではありませんでした。スコットランド国教会が霊的な至高者とするのは、キリストのみでした。

ジャコバイト(名誉革命で王位を失ったジェームズ二世とその男系子孫を王位に就けようと運動した人たち)の策謀、すなわちスチュアート朝復活運動の中心地となったのもスコットランドのハイランド地方で、一八世紀半ばまでイギリスの政治シーンを揺るがし続けるのです。フランスやスペインからジャコバイトが軍勢を乗せた艦船でやって来て、一部の氏族と結託してエディンバラなどを占領し、イングランドに侵出することもありました。一七四五年、ジェームズ二世の孫でローマ教皇の庇護《ひご》を受けたチャールズ・スチュアートが大陸からスコットランド西岸ヘブリディーズ諸島に上陸して王位を狙ったのが、最後の大きな事件となります。

その後、イングランドの権力者たちは、スコットランドのナショナリズムを弱めるために伝統文化を放棄させようとします。スコッチ・タータンをまとったりバグパイプを吹いたりすることも禁じ、スコットランドの成年男子が徴兵されて帝国軍に参加するようになりました。部族長は土地所有者と位置づけられ、部族長が土地をより利益のあがる羊の放牧地に変えたために農民らが土地を失ったことが、アメリカやカナダへの移住流行へとつながっていくのです。

また、産業革命初期にはスコットランドでも工場で雇われる者が増え、ささやかな規模ではありましたが、発達した亜麻《あま》(リネン)製造も行われていました。グラスゴーやエディンバラなどの大都市が成長軌道に乗るのは、一八世紀末を待つことになります。

議院内閣制の発達

さて、アン女王が一七一四年に亡くなると、子どもがいなかったため、王位を誰に譲るかが大きな問題になりました。血縁的にはフランス亡命中の異母弟ジェームズがいたのですが、カトリックだったために議会は許しませんでした。そもそも一七〇一年に王位継承法で「スチュアート家の血を引く者、具体的にはジェームズ一世の孫娘のハノーファー選帝侯妃(ゾフィー)かその直系卑属にしか王位継承権はない」と定められていたのです。しかも継承者は、イングランド国教会の信者にして、それを擁護することを誓わねばなりませんでした。

そうしたことから、アンの次の王として、ゾフィーの長男でハノーファー選帝侯ゲオルクに白羽の矢が立ち、彼がジョージ一世(在位一七一四〜一七二七年)となったのです。しかしジョージはほぼ「ドイツ人」で英語もあまりできず、政治にも興味がありませんでした。当然のなりゆきで、彼は政治は大臣に任せて閣議も欠席するようになりました。前述のホイッグとトーリーが、二大政党として力をつけていく素地がここにできたのです。

王がホイッグ党贔屓《びいき》だったこともあり、実質的な首相(第一大蔵卿)にロバート・ウォルポールが就きました。彼の下、内閣は下院の勢力に依存するとの原則も進展しました。そして行政権が内閣に帰属して、内閣が議会に対して責任をもつという議院内閣制が発達していきました。

ウォルポールはじつに一七四二年まで二一年間も首相として政治を率い、戦争は無駄な出費が重なるだけと平和主義を奉じました。彼はまず投機ブームの加熱による株価暴騰・急落の混乱を収拾させ(いわゆる「南海泡沫《ほうまつ》事件」)、商工業振興策を実施し、農業ではノーフォーク農法の普及と第二次囲い込みを推奨して穀物生産を増加させ、その結果、財政状態は劇的に改善しました。

後のジョージ三世時代に一時後退するものの、この時代、トーリーとホイッグ両党の二大政党議会制による責任内閣制が発達していったのはたしかでしょう。王が政治に介入しようとしても、首相の同意、議会の承認がなければほとんど何もできませんでした。

それでも、まだ王の力は相当あったことも見逃してはなりません。議会選挙や閣僚・陸海軍士官の選任に干渉はできませんが、影響力を及ぼすことは可能でしたし、宣戦布告・停戦布告の権利も、議会召集・解散の権利もあったのですから。さらに貴族、主教、裁判官、外交官を指名する権限も王が握っていましたし、犯罪人の特赦を決めるのも王でした。

王様はドイツ人

ジョージ一世は無骨な軍人で、親愛感がないうえ政治的力量も乏しく、当然人気があったわけではないのですが、その治世は比較的平穏な時代だったと評価できそうです。

息子のジョージ二世(在位一七二七〜六〇年)もドイツ生まれの武闘派、自ら戦場で軍を率いた最後の王となりました。オーストリア継承戦争、七年戦争とフランスとの戦いを重ね、ジョージ二世の治下で大英帝国は大いに拡大、ヘンデル作曲の国歌「神よ王を護《まも》りたまえ」(God Save the King)が、広い世界で響きわたることになりました。

ちなみに現在のイギリス王室は、ジョージ一世に始まるハノーヴァー朝の直系です。第一次世界大戦でドイツが敵国になったので、家名をイギリス風のウィンザーに変えて今にいたっています。ジョージ一世から四代後のウィリアム四世まではドイツのハノーファー王も兼ねていましたし、王妃はドイツ系の王族、ヴィクトリア女王の夫アルバートもドイツ人で、ドイツ系の血は現在まで非常に濃いのです。要するに、ウィリアム一世から「ほとんどフランス人」であったイギリス王は、ジョージ一世から「ほとんどドイツ人」になっていったのです。

お百姓ジョージ

つぎのジョージ三世（在位一七六〇〜一八二〇年）はイギリス生まれ、母国語も英語でした。しかし当初、絶対王政の再興を夢見て失策を重ね、政治にはコネや縁故が跋扈《ばっこ》し腐敗が進みました。それでも彼の時代、一七五六年に始まった七年戦争がフランスへの勝利で終結し、カナダのケベック、フロリダ、フランス領インドもイギリス領になりました。また一七五七年にインド東部のプラッシーでも勝利して、インドへの支配権を強めていきます。後述しますが、一八〇〇年にはグレートブリテンとアイルランドも合併しています。

ところが一七七五年、アメリカ独立戦争がおき、八三年に終結した後、八九年にはフランス革命が勃発します。さらにジョージ三世は遺伝病のポルフィリン症に苦しんで、一七八八年には精神に異常をきたしてしまいました。

この時期、政治は一七八三年に弱冠二四歳で首相の座についたウィリアム・ピット（小ピット、大ピットは父）が牛耳っていました。彼はアダム・スミス流の自由主義経済政策を採用してフランスと自由貿易協定を結び、国債額縮減の工夫、密輸取り締まりなどである程度の成果を上げ、東インド会社(アジア貿易を目的に一六〇〇年に設立、植民地経営にも従事した勅許《ちょっきょ》会社)への国家による監視・統制を強めて再編したり、カナダへの支配を強化したりしました。しかしフランス革命後のフランスとの長い戦争で、財政再建は烏有《うゆう》に帰してしまいます。

　ところでジョージ三世は、先の一・二世よりも人気がありました。先王たちが期待を裏切って一般庶民の目を避けるようにしていたのに対し、三世はいかに自分を素敵に見せるかに一所懸命だったからです。国王に関わる祭典の数や規模は彼の時代から一気に増え、王様の晴れやかな姿を庶民の前に見せることが、国内の秩序安定や戦争への士気高揚につながりました。

　とくに一七九七年一二月、オランダ・フランス・スペインの各艦隊にイギリス海軍が勝利したことを記念する感謝祭がセント・ポール大聖堂で挙行されたときには、王は二〇万人を超える群衆が見守るなか、ロンドンの大通りを華麗に行進しました。彼は王宮の外に出て森や農場にも気楽に散策に出かけ、一般市民と会話したりもしました(図5-2)。

図5-2　気さくなジョージ3世

　ときあたかも新聞などのマスメディアが普及し、王室に関する人びとの好奇心を満足させるようになりました。

一八二〇年にはイギリス国内で三〇〇紙以上発刊されていたそうです。ジョージ三世は偉ぶるでなく、家庭を重んじる誠実なる夫にして父親、病気や老齢には勝てない無力な人間であることを皆に示すことで庶民にも親しまれるようになり、彼を素朴な農夫にたとえる風刺画《ふうし》もありました。そして「農夫王」「お百姓ジョージ」とも渾名《あだな》されたのです。

国民に愛されたジョージ三世は、一八二〇年に亡くなりました。

植民地戦争とフランスとの対立

ハノーヴァー朝、とりわけジョージ三世時代は、イギリスが対外戦争に巻き込まれ、植民地獲得競争に加わっていく時代でした。すでに述べたように、名誉革命を経て、国の性格が決まってきてからのイギリスの対外政策の基本は「反フランス」でした。一九世紀初頭のナポレオン戦争まで続く、いわゆる「第二次英仏百年戦争」がその荒々しい結果です(図5-3)。

そしてそれが同時に、植民地をめぐって争われる植民地戦争でもあったところに注目しなくてはなりません。イギリスは、インド、西アフリカ、西インド諸島のフランス領植民地からフランス人を追い出し、フランスとの戦争以外でも、一七八〇年代末からオーストラリアやニュージーランドを自国領として確保しました。こうした新植民地には一攫千金《いっかくせんきん》や新たな可能性を信じてやってくる人もいましたし、囚人《しゅうじん》や面倒な帰還兵などの追放場所にもなりました。

その後も両国の争いは続き、ナポレオン戦争(一七九六～一八一五年)では、一八〇五年にネルソン提督《ていとく》の海軍がスペイン南の海岸トラファルガーでフランス海軍を打倒、一八一五年にはウエリントンがベルギーのワーテルローで勝利しイギリスを救いました。イギリスの国際的な力はいや増し、カナダとカリブ海からオーストラリア・ニュージーランドまで、アフリカやインド・東南アジアを介して支配、まさに五つの大陸に冠たる大帝国になってゆくのです。

図 5-3　ナポレオンの首を掲げる，反フランスの風刺画

「イギリス国民」の形成

リンダ・コリーという現代イギリスの歴史家は、一七〇七年のイングランドとウェールズへのスコットランド合併を定めた合同法からヴィクトリア時代が正式に始まる一八三七年までの歴史を扱い、この時期に「イギリス国民」のアイデンティティが形成されたと述べています。

そしてこの国民意識の形成は、何よりフランスとの間で約一三〇年もの間、断続的かつ熾烈《しれつ》な戦争(スペイン継

承戦争、オーストリア継承戦争、七年戦争、ナポレオン戦争その他）に代表される、根深い敵対感情に負っているとしています。

つまりフランスとの対立がイギリス人の国民意識を創るとともに、イングランド銀行、効率的で全国的な財務システムおよび巨大軍事機構を創ったとも述べ、さらにこのフランスとの敵対が同時にプロテスタント対カトリックの宗教戦争でもあり、単に政治家や貴族の問題ではなく、大衆の同意を得て彼らの積極的協力で危機に対処するしかなくなったことが、この時期にグレートブリテンの住民がひとつの「国民」となった根本的要因だ、としています。

文化的にも民族的にも不均質、いつも不安定で揺れ動いていたアイデンティティが、やっと「世界最強のカトリック国に対抗して、生き残りをかけて戦っているプロテスタントとして自己規定した」のです。これはより長いタイムスパンで考えるといささか相対化しなくてはならない説かもしれませんが、この時期の仇敵《きゅうてき》がフランスであり、近代イギリス文化・社会が、反フランス文化・社会というフランスの陰画にほかならなかったというのは、その通りでしょう。以後イギリスは、フランスと対峙《たいじ》しつつ植民地競争に勝利し、一九世紀には「パックス・ブリタニカ」（イギリス支配による平和）、大英帝国を築いていきます。

このイギリスの新たな進出地は、スコットランド、ウェールズ、アイルランドのような、島国の延長ではもはやありません。イギリス人は、白人でもキリスト教徒でもない人びとが住む広大な土地をどう治めるか、という新たな課題に直面するのです。

アイルランドのたどった道

では、一二世紀のヘンリ二世の時代から支配下に置かれ、イギリス最初の植民地ともいえるアイルランドはどうなったのでしょうか。

ピューリタン革命後、カトリックのアイルランド人はプロテスタントのイングランド人に弾圧されて、貴族の多くが大陸に亡命しました。残ったアイルランド人らはプロテスタントのイングランド人不在地主の支配下で農業労働者として搾取され、貧しさにあえぎました。さらに一六九五年には「カトリック刑罰法」が定められ、教育や職業面での大変な差別が制度化されました。

フランス革命の影響を受けた愛国主義者たちの反乱(一七九八年)に恐怖を抱いたグレートブリテン連合王国は、一八〇〇年に「合同法」を制定します。こうしてアイルランド王国とグレートブリテン連合王国は合併し、翌年一月一日に「グレートブリテン及びアイルランド連合王国」が成立しました。自治が脅《おびや》かされると法案に反対したアイルランド議会議員もいましたが何とか成立し、合併後の議会でアイルランドは一〇〇以上の議席を得ました。

しかし以後もたびたび土地問題と自治問題を焦点に、アイルランドの解放が図られることになります。ピューリタン革命から一八二九年のカトリック解放令まで百数十年にわたり抑圧・差別は続き、民族固有の文化はほぼ壊滅させられ、ごく一部の者たちが密かに守っていたという状況でした。その後も対立は消えず、現代のアイルランド紛争にまで続いていきます。

紅茶を飲む英国レディ

一方、アジアに植民地を拡大していったイギリスがもっとも熱烈に求めたのは、紅茶です。インドに拠点をおきながら清(中国)から茶を輸入し、後にはインドやセイロン(スリランカ)に栽培に好適な自然を探し求めたのです。

じつは、この茶(紅茶)の導入にも、王や王室が関わっていました。というのも、ピューリタン革命後に王座についたチャールズ二世が一六六二年に娶った王妃(ポルトガル王ジョアン四世の娘キャサリン)が、モロッコのタンジールとインドのボンベイを嫁資《かし》としてもたらすとともに、自ら紅茶を飲む習慣をイギリス王室に伝えたからです。

紅茶は当時、王侯貴族でさえなかなか飲めない高価なものでしたが、王妃は一日何杯も飲み、彼女が住居としたサマセット・ハウスを訪れる貴族やジェントルマンたちを、高価な紅茶でもてなしたのです。次代の女王メアリとウィリアム夫婦も母国オランダから紅茶をさかんに輸入しましたし、メアリの妹アン女王は、朝食に欠かさず紅茶を飲む習慣を作ったそうです。

　王室との付き合いで紅茶を知り、そのおいしさに感嘆したジェントルマンらは、しだいに自らの家でもそれを求めるようになっていきました（図5-4）。しかしすぐに広く普及したわけではありません。最初は風邪、眼病、潰瘍《かいよう》、痛《つう》風《ふう》、結石、胃腸病の薬、あるいは防腐剤として用いられ、一八世紀に入るまでは奢侈《しゃし》品でした。それが一八世紀初頭以降に消費が急増して、一七二〇年代には輸入品の第一位に躍り出ます。一七六〇年には東インド会社の全輸入額の約四〇％を占め、一八世紀末には性別年齢身分を問わず、一年に一～二ポンド（一ポンド＝約〇・四五キログラム）以上を消費した計算になるそうです。

図5-4　19世紀，紅茶をたのしむ上流階級

　紅茶は、イギリス人の家庭生活や社交のあり方も変えていきました。一六六〇年から数十年間はコーヒーのほうが人気でコーヒーハウスが栄えましたが、その後、コーヒーハウスでも紅茶がよく飲まれるよう

になっていきました。コーヒーハウスは市民階級を中心に、階級・職業の別を超えて男たちがコーヒーや紅茶を片手に会話・議論することができる社交場でしたが、そこには女性の居場所はありませんでした。

ところが一八世紀初頭から半ばにかけて家庭内の飲茶習慣が一気に拡大すると、むしろ女性たちが主役になります。朝食時は家族で飲み、午後は誰かの家に友人・知人が集まってアフタヌーンティーを楽しむのです。おいしい紅茶は女主人の腕の見せ所でしたし、午後のティーテーブルはおしゃべりと情報交換の場となったのですから。こうして紅茶は、ビールとならぶ国民的な飲料になりました。一七二〇年代からコーヒーハウスが沈滞し、かわりに、散策したりさまざまな作品展示や建築物・風景を見たりしながら喫茶を楽しむ、喫茶庭園ができました。

アフタヌーンティーの習慣は、一八四〇年頃に第七代ベッドフォード公爵夫人アナが始めたとされます。紅茶は貴族性・高貴さと結びつけられ、茶を淹《い》れる方法や飲み方に、上流の礼儀、エチケット、育ちの良さが表れると考えられました。午後三〜六時頃にバター付きパンやお菓子をつまみながらお茶をいただく習慣は、ここに起源するのです。

こうして貴族の邸宅から始まったこの習慣は、中流階級そして労働者の間にもだんだん伝わっていくのですが、上流階級の者たちは、準備の方式、淹れる細かな動作、調度品、紅茶の質などで自分たちの優越性を示そうとしました。

少し先の話になりますが、イギリスで国内の紅茶需要が増え、メキシコからの銀供給が停止して銀が高騰すると、中国への支払いが十分にできなくなりました。そこでイギリスはインドでのアヘン生産を巨大化、一八三〇年までに中国に一五〇〇トンものアヘンを輸出するようになり、それで得た大量の銀貨で東インド会社を介して中国から紅茶を買うようにしたのです。あくどい企みに中国の清朝政府が反発しておきるのが、一八四〇年のアヘン戦争です。

一九世紀、イギリス人は植民地インドとセイロン、さらには東南アジアでも茶樹の栽培を始めています。インド東北部やヒマラヤ山麓《ろく》のアッサム地方がもっとも重要で、当地の茶樹の特長を生かし、中国産よりも香り高く色の濃い、イギリス人好みの紅茶を作っていったのです。砂糖とミルクと合わせることで、魅力が倍増しました。

ビールとジン

ですが一七世紀以降のイギリス人は、紅茶ばかり飲んでいたわけではもちろんありません。それとならんでビールが人気だったことは、パブの盛況ぶりからも分るでしょう。

歴史を少し遡《さかのぼ》ってみましょう。中世の時代からビールは盛んに飲まれていました。大麦の麦《ばく》芽《が》を水に入れて煮、それを漉《こ》した液体に酵母を加えて発酵させればでき上がりです。修道士はビール造りの名人でしたし、農民たちもそれぞれ家庭で作っていました。生水は不衛生で体に悪いからと、代わりにビールを飲むことも多かったのです。

一三世紀後半から一四世紀にかけて、宿屋を兼ねたインとともに、居酒屋の一種エールハウスが都市に林立し庶民の娯楽の場になりますが、賭博《とばく》や売淫《ばいいん》・犯罪の舞台にもなって衰退します。代わりに台頭したのがタヴァーンとよばれる居酒屋で、数的にはエールハウスに及ばないものの富裕層をターゲットに成長し、一六～一七世紀にもっとも栄えます。当初はワインだけを提供していましたが、後にビールも販売するようになりました。

宮廷でもビールは大量に消費されたようです。ビール消費はヘンリ八世およびエリザベス一世の時代がとくに目立っていて、宮廷の貴婦人らが朝食に一ガロン(約四・五リットル)のビールを飲み、おなじく使用人にも一ガロンないし半ガロンが供されていました。エリザベス一世は酒豪で朝から一クォート(約一・一三リットル)のビールを飲んだそうですが、乱れることはけっしてなかったようです。

そもそもイギリス人にとってはビールは栄養補給のための一種の食事であり、質実剛健、頑強な身体を作るにふさわしいものとされていました。「フランス人のようにワインばかり飲んでいては堕落して享楽生活に溺《おぼ》れてしまう」と考えられ、ワインの輸入が制限されたほどです。「肉体に良いビール」は、都市の肉体労働者によっても大量に飲まれました。一八世紀、ロンドンの港湾労働者は、一日に六パイント(約三・四リットル)も飲んでいたようです。

さて、イギリス人にとって「良い酒」の代表がビールであったとするなら、「悪い酒」の代表はジンでした。ジンはおもにオランダから輸入され国内でも蒸留《じょうりゅう》されましたが、貧者や肉体労働者たちが、粗悪なものが多かったのです。しかし「悪い酒」ジンは、大流行しました。貧者や肉体労働者たちが一日の疲れや日々の辛さを忘れるには、アルコール度数が高くて酔いやすく、しかも安い酒が求められたのです。その需要に応え、不潔で下品なジン・ショップがあちこちに作られました。

当然、飲み過ぎで健康を害したりジン・ショップが悪所に様変わりしたりと、社会問題になりました。一七三六年に「ジン取締法」が発布されたのは、そのためでした。一七四〇～六〇年代にも、ジン・ショップへの政府の干渉・規制が強化されました。その後も一九世紀初頭まで多くの法律が成立し、あるいは協会が設立されて、ジンの弊害を防ごうとしました。

ロンドンで生まれ育った風刺画家ウィリアム・ホガースには、「ビール街」(一七五一年)と「ジン横丁」(同年)という対照的な作品があります(図5-5)。前者は国王ジョージ二世の誕生日をビールで祝う人びとを描き、さまざまな職業を営むロンドン庶民の活気に満ちた明るい生活

図5-5　ホガースの「ビール街」(左)と「ジン横丁」(右)

が描かれています。対して後者はジンの大量飲酒によって堕落し疲弊《ひへい》する庶民の、暗く悲惨な光景を描き出しています。ジンに酔いつぶれる者、中毒死する者……まさに地獄の飲み物にほかならないことを訴えかけているようです。

囲い込みから産業革命へ

ここで産業にも目を向けてみましょう。一五世紀後半から一六世紀いっぱい、イギリスは羊毛の供給よりも毛織物生産の工業国になっていきます。そして地主であるジェントリは、農民たちから畑を取り上げ、共有地もふくめて柵で囲って羊たちの牧場にしたのです。これを「第一次囲い込み」といい、拡大した海外市場向けの毛織物生産が盛んになるとともに、村を追われた農民たちはマニュファクチュア(工場制手工業)の賃金労働者になっていきます。一方、諸工程をすべて支配下に収めた織元は、新たな資本家階級の中核になりました。

しかし農業が衰えたわけではありません。一七世紀になると農業の資本主義的経営、商業的穀物生産がさかんになり、続く一八世紀には「農業革命」によって食糧生産も飛躍するのです。一七〇一年に種まきドリルが発明されると、まっすぐな線にそって計算された量の種をまくことができるようになりました。またノーフォーク農法と呼ばれるオランダの農法が導入され、栽培したマメ科植物を畑にそのまま鋤《す》きこみ地味《ちみ》を豊かにして農産物の生産性を向上させたり、冬にはカブを栽培してそれを餌《えさ》に家畜が冬を越せるようにしたのです。そのおかげで家畜を肥育できるようになり、一年中新鮮なミルクとバターも得られるようになりました。

そしてこの新農法をより効率的に行うため、またもや囲い込みが行われました。一七六〇年代から一八二〇年代までさかんだった「第二次囲い込み」です。今回は、穀物価格高騰に目を付けた地主・農業資本家が、開放耕地(共同耕地)を囲い込み私有化して、商品化した穀物生産のために農業労働者を働かせたのです。

この囲い込みや設備向上・機械化の波に押されて失業した農民のなかには、畑を離れて炭坑や工場を抱える新興工業地帯に流入する者が多くなります。これがさまざまな発明・技術革新と結びつき、一八世紀半ばから一九世紀にわたる産業革命をもたらすのです(図5-6)。

図 5-6　産業革命時のグラスゴー．グラスゴー＝ガーンカーク間の鉄道開通

すでに一八世紀半ばから綿織物を中心に工場制機械生産は行われていましたが、石炭を利用した蒸気機関の改善で大規模な工場生産ができるようになりました。大量の原綿は、アメリカが供給してくれました。一八三〇年前後にかけて、イギリスは世界の主要な工業生産の五割近くを産出する「世界の工場」になりました。大工業都市たるバーミンガム、マンチェスター、リヴァプール、リーズ、シェフィールドなどが新たな経済センターとして台頭し、人口は倍増して一九世紀初頭には約一四〇〇万人になりました。

産業革命を実現させた技術革新・発明としては、石炭コークス利用の製鉄法確立、交通網(運河・道路)整備、蒸気機関による鉄道網拡張などがあり、とりわけ織物業に関係する発明が目白押しでした。それは飛び杼《ひ》、ジェニー紡績《ぼうせき》機、水力紡績機、ミュール紡績機、水蒸気駆動の織機といったもので、こうした新発明に職を奪われると危機を感じた織布《しょくふ》工らが、機械の打ち壊し運動(ラダイト運動)をおこし、一八一一年にピークを迎えました。首謀者は厳しく処断され、絞首刑《こうしゅ》やオーストラリア送りになりました。農村でもラダイト運動と並行して、脱穀機の破壊、放火、その他の暴動がおき、こちらはスウィング一揆と呼ばれます。

こうした暴動の背景には、産業革命の結果、都市人口が急増し(一九世紀初頭には全人口の二〇%だったのが半ばには五〇%、八一年には三分の二を占めるようになっていた)、労働者の状態はむしろ悪化し、長時間労働、賃金低下、失業と病気に苦しむという状況がありました。労働者の四分の一は腸チフスにかかっていたとも言われます。

アメリカ独立戦争で屈辱《くつじょく》を味わったイギリスは、工業化・都市化を進め、消費地としての植民地も拡大しながら自信をとりもどしていきました。しかし明るい面ばかりでなかったことは、労働者たちの悲惨な状況が示しています。またこの産業化時代、社会を動かす主体は、貴族に代わり中産階級となっていきました。

すばらしき庭園

先述のように、イギリスは一八世紀以降つぎつぎに植民地を広げて豊かな物資をもち帰り、産業革命によって都市化・工業化も一気に進みました。それにもかかわらず、いやそれだからこそ、イギリス人の自然への愛が高まりました。それは彼らの庭好きによく表れています。

図5-7　イギリスの風景庭園の一例

庭といっても、ロンドン市内に広がる公立(王立)公園から、ジェントルマンのカントリー・ハウス(農村における邸宅、図4-4参照)に付属する庭園、そして庶民の家の庭までさまざまです。しかしいずれも心づくしの庭であるところは、共通しています。

造園の方法は時代によってブームがあります。たとえば「整形庭園」と、「風景庭園」ないし「自然庭園」に分けるとすると、エリザベス一世の治世から一七世紀にかけては「整形庭園」が好まれました。それはフランスのヴェルサイユ宮殿を最高のモデルとするような幾何《きか》学的秩序での作庭を旨とし、人工美の極致が目指されました。

一八世紀からは後者が人気になり、実際に目にすることのできる自然の風景を庭に取り込み、直線や左右対称の代わりに、曲がりくねった道や水路、不均衡な樹木や花壇の配置が見られます(図5-7)。しかしあまりに奇抜な歪曲《わいきょく》は嫌われました。

王侯貴族は大がかりなフランス式庭園や装飾的イタリア庭園も造りましたが、ジェントルマンのカントリー・ハウスの庭園はより小ぶりで、自然の味を生かすことが好まれました。左右対称を避け、並木道、芝生、石庭、滝、低木林、小高い丘、花囲い（花壇）などを配し、花囲いに四季折々の草花・木を植え替えることに皆が情熱を傾け、趣味の良さを競いました。巧《たく》まぬ自然美をわざとらしくなく手間をかけて作るのが、この上ない楽しみでした。

こうしたジェントルマン・ファーマーの趣味が、一九世紀には中流にも広がっていきました。フラワーショウやフラワーセンターがあらゆる階級の花好きを集めるようになります。今日でも「庭いじりの嫌いな英国男子はいない」と言われ、都会のアパート暮らしでもバルコニーには鉢植えを多数並べています。階級により好みの花が変化するのもおもしろいところです。もちろん女性もガーデニングが大好きで、女性のための専門雑誌がいくつも刊行されました。

昔から王家も王城付属の庭を大事にし、その庭を模範と仰いで、貴族やジェントルマンらが自分の家の庭造りに腕を振るったのです。チャールズ一世の王妃ヘンリエッタ・マリア（アンリエット・マリー）は庭園づくりが趣味で、一六三九年にアンドレ・モレという造園家にウィンブルドン・ハウス（夫のチャールズ一世に購入してもらった）の庭園を造らせました。スチュアート朝王室の好みはフランス風の整形庭園で、装飾的に刈り込まれた常緑低木が整然と並び、運河も直線的に流れる壮麗なバロック式の庭園でした。それが十分豪華に仕上がらなかったのは、まもなくピューリタン革命がおきたからでしょう。革命は、ホワイト・ホール、サマセット・ハウス、セント・ジェームズ、ウィンブルドン・ハウス、ナンサッチ、リッチモンド、グリニッジ、ハンプトン・コート、ケンジントン・コートなどの王室庭園も容赦なく破壊しましたが、これらの庭園は、王政復古後にはすぐに修理・再建されました。

プラント・ハンターの活躍

もうひとつ、王室庭園をはじめ貴族の庭園は、植物学、植物蒐集のセンターになっていたことも重要です。王立キュー植物園を代表とする植物園には、植民地で手に入れた珍しい植物が標本として集められたのです。王室庭園や貴族庭園の庭師出身の「プラント・ハンター」たちは、当初は薬用植物、香辛料、食用など役に立つ植物を世界狭しと駆け回って必死で集めていたのですが、やがて珍しくて美しい未知の植物を蒐集するようになりました。彼らはその後園芸商となって栽培園を経営し、珍しい植物を売るようになり、その商売は一八世紀後半にもっとも繁栄しました。一九世紀に入るといくつもの園芸協会が設立され、園芸知識の交換・普及や逸品の展示会が開催され、園芸雑誌、植物学雑誌も発刊されました。

イギリスの植物蒐集の歴史においてもっとも重要な人物は、ジョーゼフ・バンクス(一七四三〜

一八二〇年)です。彼が王立キュー植物園の経営を司《つかさど》り、プラント・ハンターを世界に派遣して植物を集め、キュー植物園を植物情報の集中するセンターにしたからです。バンクスの植物蒐集には国王ジョージ三世も理解があり、後押ししてくれました。植物学界、園芸界、造園界がこうした新しい植物の流入によって発展したことは、言うまでもありません。

バンクスや国王が世界中の植物をイギリスの植物園に集中させることに熱意を示した裏には、イギリス(王)こそが世界を支配し、世界をくまなく監視し情報を集積しているのだ、というメッセージも密かに含まれていたはずです。

偉業の象徴、動物園

植物園とともに王室との関連が深い「動物園」についても、ここで触れておきましょう。大英帝国の拡張に努める過程で、植物標本だけでなく野生動物も捕獲してもち帰られ、飼育・研究されるようになりました。これも、イギリスが遠隔の地を支配すること、その商業・経済圏がアジアにまで広がっていることを象徴していました。

中世から王立動物園はありましたが、一七世紀後半になると、異国の動物がつぎつぎと運び込まれて王の偉業の象徴となっていきました。動物園の人気動物はそれぞれが生まれた土地を表象し、世界に広がるイギリスの覇権をまざまざと見せ、祖国への奉仕観念を喚起したのです。

王立公園であるリージェンツ・パークの動物園(現在のロンドン・ズー)は一八二八年に開園し、大成功を収めました。後のヴィクトリア女王やエドワード七世も「熱帯の諸国の王侯からもたらされたライオン、シマウマ、トラ、ヒョウなどを収容した動物園は、英国の国際的地位、ひいては英王室の地位を象徴する」という考えを持っていたようです。

個人主義者の社交

さて、イギリス人はよく「非社交的で、おもしろみのない人たち」とみなされます。日本では「ユーモアのセンス溢《あふ》れるイギリス人」のイメージが強いかもしれませんが、ヨーロッパではそうではないようです。これは「プライヴァシーを重視していて抑制が利いている」とも言えるのですが、典型的なシーンは食卓における態度です。

ヨーロッパ人の大半にとって、食事を共にするのは楽しくおしゃべりすることを含んでいます。たとえばフランスでは食卓での会話術が大切にされていて、主人は会話を盛り上げるために始終気を遣っています。対するイギリスでは、会話は隣の人とささやくくらい。朝食は時間をかけず沈黙して食べることが理想とされたりもするそうです。コーヒーハウスや料理屋でもたがいに干渉しないよう、仕切られた空間が重視されたりもしたのです。

だから、イギリスのパーティーほどつまらないものはない、ということになります。ところが実際は、イギリス人ほど夕食会をしばしば催す国民はないのです。公的にも私的にも宴会が頻繁《ひんぱん》に開かれ、それを皆が楽しみにしているのですから、驚きです。

「イギリス人は個人主義者」と言っても、それは自発的な集まり、クラブや集団を無制限に作ることを許す「社交の気風」と相まっているのです。イギリス人は社交下手だからこそ、クラブやパーティーを作って積極的に参加するのです。これらがもっとも叢生《そうせい》したのは、一九世紀前後ですが、歴史はもっと遡ります。

中世末期には宗教的な信仰と慈善の互助団体としてギルドないし兄弟会がいくつも作られましたし、宗教改革でそれらが解散させられた後も、体裁を変えて同様な団体が社交の根拠地としての働きを続けます。一七世紀になると、クラブ、協会、その他の団体が、さまざまな目標、趣味や慈善、そして飲食のために雨後の竹の子のようにいくつも作られ、コーヒーハウスやパブなどの社交に付け加わりました。そして一八世紀には、庭園や遊歩道、劇場、コンサートホール、集会場なども社交用施設として名乗りを上げます。どの団体に参加するか、誰と付き合うかは自分で選択でき、そうしたなかで自己の個性を輝かせることもできたのです。

ですからフランスの思想家モンテスキューが『法の精神』(一七四八年)で、イギリス人は自由を情熱的に好み各人は自分を君主とみなす、と個人主義の徹底に感じ入っているのですが、彼らにとって個人主義と団体主義は矛盾しないのでしょう。

一八世紀には、おもに商人によって愛国主義的団体が作られたことにも注目しましょう。反フランスをアイデンティティの拠り所にするようになったイギリスでは、一七四五年のチャールズ・スチュアートによる侵攻に際し、ロンドン大商人らが「反フランス・カトリック大協会」という偏執《へんしつ》狂的な団体を形成しました。工芸協会や海洋協会、軍隊協会も創られ、いずれもフランスに対抗する目標を掲げました。

反フランスだけでなく、各地のクラブはあらゆる種類の目標を掲げて集合しました。たとえば薔薇栽培、スポーツ、哲学、ダーツ、異常性愛などで、会員は平等に親睦《しんぼく》しましたが、外部からは隔離された排他的なものでした。王がこうした団体を後押しすることもあり、たとえばジョージ二世は一〇〇〇ポンド、孫の皇太子も四〇〇ポンドを海洋協会に寄付しています。

チャリティーの深層

一七世紀から団体・グループ形成が盛り上がったことに関連しますが、この時代から、多くのイギリス人にとって慈善活動・社会奉仕が人生の大きな目的になりました。集団に対する奉仕は、集団の外の弱き人、困窮者への慈愛へと発展していったのです。

現代においても、イギリス人は物惜しみしない雅量ある民族たることを誇っています。他国では国家の責任の下におかれているようなものも含め、貧者や病者や身体障害者への配慮・救済などあらゆる種類の慈善活動が、イギリスではふつうの市民の自発的な参加に負っているケースが多いのです。これはジェントルマンらが無給で政治を担ってきた歴史とも関係がありそうです。そうした高貴で無私な奉仕活動に、イギリス人はこの上ない喜びを見出すのです。

しかしイギリス人の慈善は、自己宣伝や自己満足だと批判されることもあります。イギリス各地の教会の壁は、地方有力家族の慈善事業を吹聴《ふいちょう》するかのように、彼らの名前で覆われています。匿名《とくめい》の誰にも見えないところでの慈善は、あまり受けないようなのです。

それはともかく、慈善活動への集団的取り組みがはっきりした形をとるようになるのは、ピューリタン革命と名誉革命という一連のイギリス革命後から一九世紀初頭にかけてではないでしょうか。イギリスでもヨーロッパ各国と同様、中世の時代には、おもに教会や修道院を通じて慈善事業が行われていました。しかし宗教改革期以降には、慈善事業は脱宗教化され、よかれあしかれ民間の手で行われるようになったのです。

イギリス近代史研究者の金澤周作『チャリティとイギリス近代』（京都大学学術出版会、二〇〇八年）によると、イングランドの慈善活動組織は五つの形態に分類でき、それぞれ成立時点は多少ずれながらも、全体として一八世紀後半から一九世紀という産業化に伴うひずみ・貧富の格差増大が著しくなった時期に、空前のブームを迎えたそうです。その対象者は同胞イギリス人の貧者、病者、孤児、老人、娼婦《しょうふ》、被災者、そして奴隷や動物にまでおよびました。公的な救貧行政と区別して、これら民間主導の慈善はフィランスロピと呼ばれます。

ちなみに、今でもフィランスロピはイギリスで大きな存在感をもっています。イギリス発祥のチャリティー関連協会や事業はきわめて多く、動物虐待防止協会、救世軍、ＹＭＣＡ、ホームレス自活支援雑誌『ビッグ・イシュー』などが生まれています。他にもアフリカの飢餓を救ったり世界から貧困をなくしたりすることを目指して、一大コンサートを開くことも盛んです。

こうしたイギリス人の慈善好きは、現実の搾取・窮乏の根本問題を隠蔽《いんぺい》する偽善だという批判もありますが、「イギリス人は鷹揚《おうよう》で弱者に親切」という看板は、現代では国内的にも国際的にもイギリスのアイデンティティの中核をなしており、手放すことはできないようです。

福祉君主制

ですからイギリス人の中心に座っている王室がチャリティーないしフィランスロピに熱心であるのは、当然かもしれません。中世以前にも、復活祭前木曜の「洗足木曜日」の儀式や「瘰《るい》癧《れき》を癒す王」の慣行時に、食事をふるまったり金品を下賜《かし》することはありました。ですがこうした国王による宗教的な慣行が、世俗的・社会的な慈善事業つまりチャリティーとなったのは、一七六〇年に即位したジョージ三世以来のことでした。

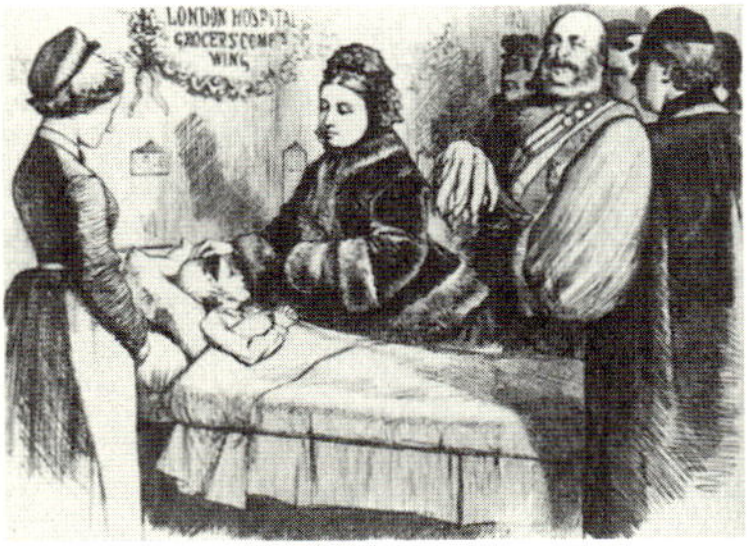

図 5-8　ロンドンの病院に子どもを見舞うヴィクトリア女王

フランク・プロハスカ『王の恵み――福祉君主制の形成』（イェール大学出版局、一九九五年）が明らかにしたところによれば、ジョージ三世の治世には慈善団体が並はずれた規模で拡大していき「施しの時代」「慈善の時代」と称されました。ジョージ三世自身も慈悲深い王と考えられています。記録に残っている一七六三〜七二年には、王の個人的収入四万八〇〇〇ポンドから王宮使用人の給与他を差し引いて、残る二万七五〇〇ポンドの大半を私的な慈善事業に使ったそうです。彼は九つの慈善事業にとりわけ熱心で、そこには、王立ジェンナ協会、天然痘《てんねんとう》予防接種病院、セント・ジョージ病院、捨て子養育院、貧民の状態改善・慰安増進協会などが含まれ、また貧者の教育にも真剣に取り組んだことが注目されます。

ジョージ三世の曾孫《ひまご》エドワード七世も、治世中、二五〇ほどのチャリティーのパトロンになり、また他の二五〇の福祉活動にも毎年寄付をしており、イギリスと英帝国の慈善の触発者としては比肩《ひけん》する者のない王でした。エドワード七世が目標に掲げたのは、貧しい病人の世話・治療実践の改善で、その勧めで病院医療研究財団(The Hospital Fund)が作られ、彼の治世中、外国生まれでイギリスに定着した多くの富豪が参加して巨額のお金が集まりました。

王が亡くなった一九一〇年には基金の全資産は二〇〇万ポンドで、毎年一五万ポンドほどをロンドンの任意寄付制病院に供与していました。そして貴族たちも、王の模範によりフィランスロピの魅力を見出したのです。ただし貴族たちは栄誉の見返りが欲しかったようで、とくに慈善行為をすることで王による騎士叙任を期待していました。

その後も、歴代の王や王族はほとんど例外なく慈善事業に積極的で、多くの篤志《とくし》協会にパトロンや会長として関わっています。現代の王室も、大変な数の慈善事業をこなしているのです。

王が慈善事業に熱意を示すようになるのは、一八世紀後半からますます王の政治力が低下していったからこそでしょう。中流階級を中心に各層の共鳴を得て、王が「人民の父(母)」と認知されるための、またとない効果的手段でした。慈善組織・団体の長やパトロンとして王族が座り、その下に貴族、ジェントリ、富裕市民らが幹部や運営委員として連なる。こうした貴族的な輝きのある組織・団体に、中産階級もお金の寄付で協力し、それが貧者・弱者・病者の救済につながる……というしくみで、既存の階級社会を正当化・維持する効用もありました。

要するに、慈善こそが階級社会であるイギリスの全階級を結びつける接着剤でした。そして、宗教も支持政党も男女の差異も関係なく教育や反奴隷制のような大衆受けする大義に王が一体化し、全国民に支持されうるところが味噌《みそ》でした。一九世紀後半からは、インドなど帝国各地での慈善行為にも王族たちは熱を入れ始め、「イギリス本土のみでなく植民地の臣民を慈愛に満ちた国王が守っている」とのフィクションに、華やかな心地よさを付与したのです。

勇猛にして無慈悲な人びと

慈善事業をことのほか重んじるとはさぞかし優しい国民性なのだ、と思いたいところですが、じつは残虐さをいとも無慈悲に示すことで悪名を取ってきたのも、他ならぬイギリス人でした。ここでは彼らの闘争性に注目してみましょう。

イギリスでは中世の騎士道の時代はもちろんのこと、傭兵《ようへい》や州を基盤にして召集された徴集兵の台頭で出番が少なくなったエリザベス時代の貴族たちも、戦闘こそが自分たちの身分の特性を示すものだと考えていました。その館にはおびただしい武器が保存され、彼らは誇らしげに眺めたものです。貴族たるもの、いくつもの戦場を経験して死の危険をくぐりぬけないと、その名に値しませんでした。火器の発達で騎乗の一騎打ちなど意味がなくなった一八世紀でも、勇猛果敢であることが相変わらず貴族の要件であり続けたのです。彼らの間では決闘もさかんでした。貴族だけでなく総じて男たるもの、勇敢で喧嘩《けんか》早くて闘争好きな者が称讃されました。暴力と男らしさはひとつであり、それにひるむのは女々しいと非難されたのです。

歴史家キース・トマス『生き甲斐の社会史――近世イギリス人の心性』(昭和堂、二〇一二年)によると、一五七一年に説教師ジョン・ノースブルックは「威張り散らして喧嘩の仕方を知っていれば、正直な男だとみなされ、人殺しができて、追いはぎができれば、立派な、また勇敢な男だとみなされる」と嘆いているそうです。一六九〇年にはユグノー(フランスに広まったカルヴァン派のプロテスタント)のM・ミッソンが「戦いの様相を呈するものは何であれ、イギリス人には甘美に映る」と言っています。また『ロビンソン・クルーソー』で有名な一八世紀前半の作家ダニエル・デフォーも「わが国の男子は最強にして、最良である。というのは、上半身裸で、まったく素手で、おなじ条件でよその国の男と一対一で部屋の中か舞台の上で戦わせれば、わが国の男子は、どんな難敵をも打ち負かすはずだから」と主張しています。さらにヴィクトリア朝のジョン・マナーズ卿は「戦いはイギリス人に生来ふさわしい仕事であり、平和の技術のために犠牲にされてはならないものだ」と述べています。

近世には、勇猛さ＝男らしさ、という考え方がイギリス中に浸透し、好戦性、剛胆さがいわばイギリスの国民性になっていきました。しかしこの好戦性は近代・現代になっても継続し、国内のみならず海外にも害毒を流すことになるのです。

図 5-9　ティルベリのエリザベス１世

軍人としての王

王もそのとおりでした。国王こそが最高の軍人であり、実際に戦場で指揮し、敵を打倒しなくては君主の資格はなかったのです。戦場で凜々しく勇猛果敢にふるまうのが理想の君主とされ、イギリス王は先頭に立って軍を指揮しました。

中世のリチャード獅子心王は勇猛な騎士の鑑でしたし、近世初頭のヘンリ八世も軍人として名声を得ることを重んじていました。娘のエリザベス一世はスペイン無敵艦隊に勝利したとき、ロンドン港(ティルベリ)に甲冑の胸当て姿で軍馬に乗って現れたということですし(図5-9)、アン女王はさらに勇猛で軍隊を自ら指揮しました。その父ジェームズ二世は、海軍卿として対オランダ戦争においてイギリス艦隊を率いましたし、ジョージ二世はオーストリア継承戦争の激戦地ドイツのバイエルン地方のデッティンゲンで軍馬を自在に乗りこなし、前線に立って軍隊を率いました。彼は軍隊を率いた最後の英王となりましたが、その後もほとんどの君主は武芸好きで、王太子時代には軍隊に所属して戦場を経験しています。

ですからイギリス人の好戦性は、こうした王を頂点とする貴族階級の好戦性が、歴史の過程で滝のように下方にまで流れ落ちていった結果ではないでしょうか。体罰に対する態度もこの好戦性と関係していましょう。軍隊における鞭打ちを廃止しようというナポレオン期のキャンペーンは、イギリスでは反応がなく、イギリス人は鞭《むち》打ちに耐えていました。本章で後述するパブリック・スクールにも体罰がつきもので、生徒の殴り合いも日常茶飯だったのです。

あっさりしたイギリス人

イギリス人の暴力に関する習俗は、他国の者たちの目には厭《いと》うべきものに映りました。「イギリス人は国内では暴君を嫌うのに、海外では自分たちがもっとも残忍な暴君に豹変《ひょうへん》する、許し難い民族だ」というわけです。

ただ、この好戦性・残虐性には、寛大・雅量の美徳が貼りついています。つまり、イギリス人は自分たちが勝利するまではとことんひどいことをしますが、相手がいったん降参すれば、優しく紳士的に応対するのです。征服して意のままになる相手には寛大に遇するべきことを子ども時代から教えられ、それがどの階級の者にも染みこんでいたのでしょう。イギリスが植民地主義から手を引く過程が比較的スムーズに進行したのも、そのせいかもしれません。

もうひとつ、彼らには復讐心があまりないのも特徴です。ひどい目に遭ってもその場の実利を得ることに専念し、宿怨《しゅくえん》に燃え続けたりしないのです。ですからひどい目に遭わせた相手が水に流してくれないと困惑し、なぜいつまでも過去のことを責められるのか理解できないようです。「戦い終わったら握手して仲直りしよう」――これがイギリス流なのです。

死に魅入られた人びと

私は好戦性の裏返しだと思うのですが、一七世紀末頃から、メランコリーがイギリス人特有の病として知られるようになりました。心気症、憂鬱《ゆううつ》症などがイギリス人に多いと診断されるようになり、自殺者も多出しました。なぜ他の国民より人生を楽しまないのか、自己破壊衝動に向かっていくのか、その原因が探られました。陰鬱な気候、大都市での石炭の汚染、ワインを飲まずビールばかり飲んでいるためではないか、などと取りざたされました。

メランコリーの延長でしょうか、イギリス人は死に魅入られているようです。イギリスでは忌中紋章《きちゅう》への嗜好《しこう》があり、黒い喪服に加えて、家にも服喪の印(死者の紋章入り菱形《ひし》タブレット)を飾り付ける慣習が上流階級を中心に広まっていました。彼らは墓にも興味を抱き、貴族も平民も墓地を散策するのが好きなようです。次章で見ていきますが、イギリス文学の優れたジャンルが推理小説・探偵小説であるのも、死への関心と結びついているのでしょう。

イギリス人の功利主義、現実主義も、こうした厭世観《えんせいかん》と背中合わせなのではないでしょうか。

パブリック・スクールの役割

ジェントルマンのための養成学校ともいうべきものが、パブリック・スクールです。「公立学校」と誤解されることもありますが、私立学校の一種です。法的な定義があるわけではなく、私学のエリート校を通称、パブリック・スクールと称しているのです。現在、大半の子どもは公立校に通い、ほんの数%のみがパブリック・スクールに行っています。まさにイギリスの政治・社会・経済のエリートを輩出していて、上級公務員や裁判官、軍や英国国教会、為替《かわせ》取引銀行などの高位・高官は、ほとんどパブリック・スクール出身者で占められています。

その典型は寄宿制パブリック・スクールで、中世末からあります。もともと上流階級は家庭教師を雇って子弟を教育していましたが、一七世紀くらいから徐々にパブリック・スクールに通うようになり、一八世紀後半から一九世紀初頭にかけて、パブリック・スクールは一気に貴族・ジェントルマンと結びつくようになりました。

歴史的名門校として知られるのは、一四世紀創立のウィンチェスター校、歴代首相の多くが学んだ一五世紀創立のイートン校、一六世紀にできたシュルーズベリ校、ウェストミンスター校、ラグビー校、ハロウ校などです。こうした名門パブリック・スクールを出た生徒の多くは、オックスフォード、ケンブリッジの両大学に進学し、官吏任用試験でも優遇されて、名誉と権力を備えた職業に就くことになります。もとは男子校ですが、近年は共学が増えています。

教養教育としてはギリシャ語・ラテン語が中心で、それは文学・思想研究というよりも記憶力と注意力を鍛えるためのものでした。おそらく古典教育以上に重視されたのがスポーツで、午後はもっぱらスポーツに充てる学校も多かったようです。クリケット、サッカー、ラグビー、ホッケー、水泳、ボート、クロスカントリーなどに汗を流して体力をつけるとともに、集団への滅私、協力を学びました。また、寄宿制度で「ハウス」(各学年から同数が集められ、ハウス・マスターが運営責任を負うパブリック・スクールの下部組織)ごとに数十人ほどが共同生活をし、ハウス・マスターへの服従、先輩後輩の厳しい上下関係を学び、その後社会にエリートとして出て行くための準備をしました(図5-10)。

パブリック・スクールでは起床から就寝まで、授業や食事、寮母との面談はもちろん、入浴や小遣い支給時間まで決められて時間管理が徹底され、服装・所作にも細かな規定がありました。言うことを聞かない生徒には、容赦なく鞭が振り下ろされました。

ところで、イギリス人の逆説的な社交好きとグループ形成の盛況はすでに述べましたが、それはじつは家族の絆《きずな》の弱さとも関係しているようです。親子の会話ははずまず、夫婦も黙りがち、親族びいきを何より嫌うのです。一家離散もめずらしくはないそうで、家族愛に満ちたイタリア人が聞いたら卒倒しそうな関係です。

こうした傾向が助長される場こそが、パブリック・スクールでした。貴族・ジェントルマン階級の子息が集められて画一的教育を受ける代わりに、家庭でのしつけや教育はおろそかにな

図5-10　19世紀，パブリック・スクールの「いじめ」．手足をもって上方から地面近くまで落とすバンピング

り、彼らの性格は家庭ではなくパブリック・スクールで形成されていくことになるのです。

かくして、紳士的かもしれないけれど画一的な男たちが生み出されていきました。愛国理念、戦闘精神、フェアプレー、協働とリーダーへの服従がここで叩き込まれ、イギリス帝国発展の原動力となったのです。

現実重視の経験論

一七世紀から今日まで、イギリスのジャーナリスト、歴史家、作家、詩人などの語り口は、我知らず経験論の伝統に則《のっと》っていて、これこそイギリス人の思考様式の特性を表していると説かれることがあります。一九世紀前半のドイツの哲学者ヘーゲルは「イギリス人は、フランス革命で提起された理論や原則には馬耳東風で、現実的な自由の諸制度からかけ離れている」と『歴史哲学』で述べています。それに対してイギリス人は「フランス革命が実現したような自由な憲法など、自分たちの国はずっと前からもっているさ」と答えるかもしれません。

しかしそれはフランスの中央集権国家の原則に則った一般的原理や法とは異なり、ローカルで特殊《とくしゅ》な諸権利や慣習に基礎をおいたものだ、ということを見逃してはなりません。マグナ・カルタや権利の章典は一部の貴族層の要望を集めて形にしたものでしたし、コモン・ローは中世以来、国王裁判所において伝統・慣習・先例に基づき判決を下してきたことから発達した法分野(判例法)なのです。イギリスの「憲法」とは、マグナ・カルタ、権利の章典、王位継承法をはじめとする議会における制定法にコモン・ローと慣習を合わせたものなのです。

イギリス人にとっては、抽象的《ちゅうしょう》で一般的な諸原理などまったく魅力がありませんでした。彼らはフランスの合理主義の伝統とは反対に、経験と接触を保つことを求めてきたのです。根拠を知り観念から演繹《えんえき》させるより、たとえ論理性が欠如していても、そのときどきに必要な目標にいたることが大切だとされたのです。だからこそ、法律・原則に縛られないで、慣習を重視したのです。事物そのものに近づき、現実的なものや経験的なものを偏見のない観察者として見る。一言で言えば、ドグマ(教義)忌避《きひ》、コモン・センス重視と言えましょうか。

「フランス的観念のお遊びより、多くの人に役立つ実利的な考え方こそ必要だ」……これがピューリタン革命後のイギリスの主要な考え方だと思います。そこから、あらゆる知識は経験を通じて得られると考える「経験論」が導かれ、そこに根拠をおくイギリス流哲学思想が「功利主義」なのです。

功利主義の思想家たち

イギリスでは名誉革命の後、王権神授説のドグマは消え失せ、それにかわる「民」のための実践道徳が求められるようになりました。そこには、軌道に乗りつつある実際の政党政治・代議体制をより広い裾野に切り開いていく政治的目論見《もくろみ》もありました。そのための思弁でなく実践的な道徳たる功利主義が、一八世紀には強く求められたのです。

まずジョン・ロック(一六三二～一七〇四年)は、自由の獲得こそが国家の最重要問題と考え、個人の幸福を鑑に自由を規定しようとして『統治二論』を書きました。そして過去の伝統に囚《とら》われず直接の経験を重視し、公共の福祉を追求しようとしました。

ロックの後にも、デイヴィッド・ヒューム、エドマンド・バーク、ジェレミ・ベンサム、ジェームズ・ミル、ジョン・スチュアート・ミル、ハーバート・スペンサーら、功利主義を完成させていった思想家の輝かしい列が続きます。時代を下るにつれて、功利主義は個人ではなく社会全体の幸福や善を重視するようになります。一九世紀後半のスペンサーは、自由放任が近代産業時代の指導原理になったことを自然の進化と考え、その著作に科学的装いを与えました。

かくして一八世紀に台頭した功利主義は、一九世紀になると急進的な形態で論壇を支配し、現実政治においても、社会改革や非常に有益な立法(選挙法改正など)を促すことになりました。不正への厳しい弾劾《だんがい》、貧しく抑圧された人びとへの同情、政治信条を人間性の科学的知識および分析の上に位置づけるべきだとする考え方などは、今日のイギリスにも生き残っています。「自由」「公共善」「進歩」、これがイギリス政治思想の合言葉です。

もうひとつ、近代初頭のイギリスの学問を代表する思潮は、自然科学思想ではないでしょうか。ここでも「実験」「観察」というイギリス人お得意の手法が役立ちました。イギリスの一七世紀は「科学の世紀」として知られています。

フランシス・ベイコンは、学問の目的は生活を豊かにすることだと考え、学問の体系化を目指して『学問の進歩』(一六〇五年)を出版しました。ベイコンの経験主義的方法を受け継いだロバート・ボイルは、数多くの化学実験で人間に役立つ有益な科学を推進しました。ジェームズ一世とチャールズ一世付きの医師だったウィリアム・ハーヴェイは、解剖研究に基づいて血液循環を発見、ギリシャ以来の説(血液系が二系統に分かれているとし、循環を想定していない考え方)を覆《くつがえ》しました。一六四五年には一群の数学者と哲学者が科学をめぐって議論する集まりが開催され、興味をもったチャールズ二世は一六六二年に勅許状を彼らに授与しています。それが「ロンドン王立協会」です。そうした環境からアイザック・ニュートンが登場し、一九世紀には「進化論」を唱えたチャールズ・ダーウィンを生むことにもなったのです。

ユーモアあふれるイギリス人

先ほど「非社交的で、おもしろみのない」と述べたのとは矛盾するようですが、じつはイギリス人ほどユーモア感覚に優れている民族・国民はいないかもしれません。彼ら自身がそれを誇ってもいます。しかしそうした「才能」が生み出された理由は逆説的にも、他人に対してどうふるまえばいいかわからず、話を切り出すにもぎごちなくなってしまうというところにあるのです。この不器用さから身を守るために、ユーモアが生み出されたのです。それは感情の防波堤、社会の爾余《じよ》の者たちに対する盾になり、社会に生きる不調から身を守っているのです。

イギリスでは、いたるところユーモアが広まっています。それは息をするように、日常生活になくてはならないもののようです。これは座を賑わすためにあるのではなく、むしろ辛辣《しんらつ》な鬱憤《うっぷん》晴らしであり、激しい革命や暴動の代わりに使われてきた、という人もいます。実際、薔薇戦争の終結とピューリタン革命の間の時期の王の宮廷には、多数の道化たちが抱えられ、奇妙な動作や機智にあふれる冗談で宮廷人を笑わせ、落ち込んでいる王を慰《なぐさ》めました。

イギリス人は辛抱強い民族とされ、性格の根本に自分を含めた人間全般と種々の物事を余裕ある態度で見つめる能力があります。彼らは感情をあらわにする一歩手前で踏みとどまり、外から眺めて精神の均衡《きんこう》を保とうとします。深刻な事態に立ち至っても失われることのない冷静さのなかから、あのユーモア感覚も生まれるのです。感情はコントロールされ、抑制されながら、効果的な出口を求めているのです。

イギリス人のユーモアにはつねに現実との接触があり、ある一定の正当性が認知された社会がなければ生まれません。ですから彼らのユーモアは先に述べた経験論や功利主義の伝統とも結びついていて、フランス人にとっての哲学的概念のようなものかもしれません。イギリス人のユーモアは、政治家の演説を説得力あるものにし、評価を高めるのです。

現在でも、エリザベス女王が国民に愛される理由としてユーモアのセンスがあげられ、チャールズ皇太子のいささかどぎついユーモアも好評だそうです。

ホガースの風刺画

そして、このユーモアの偉大なる伝統が最初に花開いたのが一八世紀です。たとえばそれは、画家ホガースの風刺画(カリカチュア)に典型的に表れています。これを楽しんだのは、とりわけジェントリと中産階級でした。

ホガースはまず、ピリリと風刺の利いた銅版画「南海泡沫事件」(一七二一年)でバブル崩壊の世相を描いて評判をとりました。六枚からなる「娼婦《しょうふ》一代記」(一七三二年)は地方から出てきた田舎娘が都会の風習に染まって娼婦に身を落とし、幼い子を残して二三歳の若さで死んでいく姿を描いています。名声を確立したのは「当世風結婚」(一七四三～四五年)でこれも六枚からなり、財産目当ての上流階級と地位目当ての成金中産階級の結婚を描いており、その破綻《はたん》と不幸な運命をたどっています(図5-11)。四連作の「選挙」(一七五四年)では、実際行われた選挙の腐敗を風刺・批判しています。

図5-11　ホガースの「当世風結婚」

彼ほど鋭い洞察力を発揮し、痛烈な社会批判を盛り込んだ風刺画を描いた画家はいません。下品でグロテスクなところもありますが、全体として滑稽《こっけい》で喜劇的、ユーモアに満ちているのです。まさにイギリス人のユーモアの力が、存分に発揮されています。

ホガースによって華々しい先鞭《せんべん》を付けられた風刺画は、一八世紀後半から一九世紀にかけて、ギルレイ、ローランドソン、クルックシャンクを生み出しました。そしてやがて雑誌『パンチ』(一八四一年)と雑誌『ヴァニティー・フェアー』(一八六八年)によって、より広く一般に受け入れられるようになります。安価な大衆紙の登場とともに、政治や行儀作法などを標的にした時事風刺漫画も登場し、二〇世紀にはテレビにも適応して、人形やコメディアンが滑稽な言動で権威をコケにしています。今やこうした風刺として、連続コメディードラマでロイヤル・ファミリーを滑稽なイメージで描くようにまでなっているのです。

風刺文学の隆盛

それではこの「風刺の時代」には、どんな文学作品が作られたのでしょうか。革命を乗り越えて王政復古期まで生き残った一七世紀の文人は、前代を特徴づけた禁欲主義への反発からか、現実を肯定した風刺作品を好んで書きました。とりわけサミュエル・バトラーの『ヒューディブラス』(一六六二年)は、ピューリタンたちの偽善・利己主義を辛辣に風刺した作品として有名で、チャールズ二世に悦《よろこ》ばれました。ちなみにその挿絵はホガースが描いています。

ブラック・ユーモアを文学作品にした作家も一七〜一八世紀のイギリスで輩出されましたが、元祖はジョナサン・スウィフトでしょう。その作品には毒のあるユーモアが満載です。彼はまず『書物合戦』『桶《おけ》物語』の風刺で文名を高め、イギリス政府と悪徳政商を攻撃した『ドレイピア書簡』では、政府に政策変更までさせる大々的な勝利を収めました。これは貨幣鋳造《かへいちゅうぞう》をめぐる汚職・不正問題を暴いたものです。代表作『ガリヴァー旅行記』(一七二六年)にも社会や政治への風刺がタップリ含まれています。小人国の宮廷での愚かしい出世争いや陰謀などの痛烈な風刺は、ジョージ一世時代の政治がモデルであることは間違いありません。また彼の作品には糞《ふん》尿が満ちていて、スカトロジー(糞便学)文学とも言える特徴があります。

イギリス文学は、こうした風刺小説と、次章で見る推理小説やリアリズム小説が真骨頂で、読んでおもしろく、ためになるものが主流でした。やはり経験論・功利主義の国のしからしめるところでしょうか。

闘鶏《とうけい》・熊いじめ・キツネ狩り

さて今日、動物愛護運動が盛んでそのための委員会や立法も多く「動物を人間以上に大切にしている」とも言われるイギリス人の動物愛からは信じられないことですが、かつては娯楽として動物虐待が行われていたこともありました。

ここで再び、ホガースに登場してもらいましょう。彼の有名な作品「残酷の四段階」(一七五一年)の第一段階には、動物虐待の様がこれでもかと描かれています(図5-12)。多少の誇張はあるものの、ほぼ現実のことでした。鶏《にわとり》を標的に射的競技をしている人がいますが、イギリス

図 5-12　ホガースの「残酷の四段階」第一段階

では中世から告解《こっかい》の火曜日に鶏の射的競技が行われ、鶏同士が激しく争う闘鶏も見せ物として人気がありました。鶏の蹴爪《けづめ》に刃を取り付けることもあったそうです。

闘鶏と並ぶ人気見せ物「熊いじめ」(鎖《くさり》に繋《つな》いだ熊にどう猛な犬をけしかけて戦わせる)はエドワード一世時代(一三世紀後半)に始まり、一六世紀に最盛期を迎えました。ヘンリ八世はこれがいたくお気に入りで、王宮のホワイト・ホールには「熊いじめ」専用のピットが設けられていたそうです。その後、熊の代理に雄牛を使う「雄牛いじめ」が広まっていきます。ジェームズ一世もこの動物同士の争いに熱中し、雄牛に代えてライオンを使いました。こうした動物同士の闘いは、王侯貴族から庶民まで皆に好まれた見せ物でした。これらはイギリス人の生活に根づいていて、一九世紀までしっかりと守られたのです。

また、キツネ狩りはもともと中世後期には収穫後の畑でキツネを駆除するために行われましたが、一七世紀にジェントルマンのスポーツになり、あっという間に流行しました。一七五〇年代に足の速い新種の猟犬フォックスハウンドが改良されて、ますます人気が出ました。

一八世紀末期には軍服を思わせるタイトな衣装を着用し、細かな規則が決められました。狩りというより敏捷性《びんしょうせい》の要求されるスポーツで、同時に見せ物としてもおもしろいとされたのです。勇敢さや男らしさも鼓舞でき、もちろん王もキツネ狩りに夢中になりました。

動物愛護とペット犬の登場

こうした風潮のなか、時代は少し先になりますが、一八二〇年代から動物愛護団体の活動が活発化します。一八三五年からは理由のない動物虐待は禁止され、牛、熊、アナグマ、犬、雄鶏などを戦わせるための施設所有も禁じられました。同年、動物愛護協会は王女ヴィクトリアとケント公爵夫人の後援を得、一八四〇年にはヴィクトリア女王によって「ロイヤル」という語を協会に添えることも許されます。

ところがキツネ狩りのみは伝統を守りたいという声も高く、禁止したい動物愛護団体との拮《きっ》抗《こう》が続きました。時代は二〇〇四年まで下り、ようやくブレア政権のときに「キツネ狩りは犯罪」との禁止法を成立させ、翌年に施行されましたが、イギリス社会は賛否両論、大いに揺れました。

ですが、一九世紀に入ってからの動物愛護運動より前にも、動物を愛するイギリス人がいなかったわけではありません。とくに犬と馬は、人間の友として大いに愛されたのです。馬については次章のスポーツのところで語るとして、ここでは犬に注目しましょう。

犬をペットとして飼う習慣は中世の修道院でも見られましたが、ルネサンス期になると上流階級の女性に広がりました。男性は狩りの友として猟犬を大切にしましたが、いわゆる部屋の中で愛玩《あいがん》するペット犬が彼らの間に広まるのは、ずっと後になってからです。

図 5-13　少年時代のチャールズ2世(左)とスパニエル犬

イギリス王ではじめてペット犬を愛玩したのはチャールズ二世でした。彼は激しく犬を愛し、それを公《おおやけ》にすることをためらいませんでした。その犬が盗まれる事件が何度かおき、王は悲しみに暮れ、広告を出してなんとか戻ってくるよう願いました(戻ってきたかどうかは不明)。弟ジェームズ二世、その後を継いだウィリアムとメアリ夫婦も犬好きで、そうした王たちに倣って、貴族の間にもペットとしての犬が流行するのです。スパニエル犬の一種「キング・チャールズ・スパニエル」は、名が示すとおりチャールズ二世の可愛がった犬種です(図5-13)。

市民らの間に犬のペット熱が広まるのはやや遅れ、一八世紀末前後です。一九世紀半ばからさらに広まり、ヴィクトリア時代に最盛期を迎えます。食卓をともにしたり洋服を着せて楽しんだり、といった溺愛《できあい》ぶりがあちこちで見られるようになりました。鋭敏な観察眼をもつ賢く忠実な友として、犬を子どもにあてがっておけばよい子に育つと多くの親が信じました。犬の肖像画も流行します。商売する者も登場し、コリーやセントバーナード、キング・チャールズ・スパニエル、フォックステリアなどの純血種は、大変な高値で取引されました。

ヴィクトリア女王は数匹のコリーとテリア、ダックスフント一匹をお気に入りにしていました。ドッグショーに王室関係者が参加することも期待され、実際にヴィクトリア女王の出品した犬もいました。女王の愛したコリーはその価値が急上昇して愛犬家の垂涎《すいぜん》の的《まと》になりましたし、ポメラニアンもそうでした。パグ、ボルゾイ、ディアハウンド、ブラックハウンドなども、高貴な人たちに愛されました。

現在のイギリス王室も犬が大好きで、一〇匹以上飼われているようです。なかでもエリザベス女王は子どもの頃から犬と遊んで育ったため、大の犬(とくにコーギー犬)好きだそうです。

国民性創造の時代

個人主義、人見知り、庭好き、好戦性、死を見つめる諦観《ていかん》、団体形成、家族の絆の脆弱《ぜいじゃく》さ、慈善活動、現世主義、経験論、功利主義、ユーモア感覚、排外的優越感……こうしたイギリス人の歴史的に作られた性格や特質を並べてみると、それはまさしく、本章が対象とするピューリタン革命からほぼ二〇〇年の間に実質が作られていったように思われます。

したがって、現在のイギリス人とイギリス社会、そしてそれらの未来を考えるのに、この時代は決定的に重要です。そしてそれは、まさしく貴族・ジェントルマンたちと、その頂点に立つ王族が率先して代表していた性格や特質でもありました。

これは、おそらく政治のあり方にも反映されているでしょう。イギリスがフランスやロシアのような過激な革命を免れて効率の良い安定した民主主義を確立できたのは、王を頂点とする階級社会の存在とともに、本章で眺めてきたイギリス人・イギリス社会の本質形成がこの時代に行われたからこそだと思います。

しかしこれは、外国人の目から見れば「非協調性、思想なき利己主義、世界市民主義(コスモポリタニズム)への強硬な抵抗をもたらすもの」と映ってしまうこともあるのです。

第 6 章

大英帝国の建設

ジョージ 4 世からエドワード 7 世まで

――1820～1910年――

1851 年，ロンドン万国博覧会の水晶宮

カトリック解放へ

前章ではジョージ三世の時代までお話ししましたので、本章では、その息子ジョージ四世(在位一八二〇〜三〇年)から始めましょう。この王と弟のウィリアム四世の治世にはさまざまな社会改革運動がおき、それに対処するための法制が整えられたことが特徴です。

ジョージ四世は父王が精神を病んでいたときに摂政王太子を務め、政治経験を積んでいました。ですので登位当初は政治に容喙《ようかい》したこともありますが、やがて国政はほとんど首相のリヴァプール伯ジェンキンソンに一任し、ブライトンにあるオリエント風パヴィリオンでの生活を気ままに楽しみました。しかし妻キャロライン妃を異常に嫌悪し、戴冠式に彼女が出席するのを拒んだほどでした(図6-1)。それゆえ民衆の評判も悪かったのですが、一八二二年のスコットランド訪問の際にはキルトを着用して部族長と面会し、スコットランド人を感激させ、両国の雪解けに貢献したことは大きな功績でした。

続くウィリアム四世(在位一八三〇〜三七年)は軍人出身の気さくな人柄で、お供《とも》なしに市中を視察・散策してロンドン市民の人気を集め、民衆王のさきがけとなりました。しかし六四歳での登位で、七年後に亡くなりました。ジョージ四世とウィリアム四世兄弟は、ドイツのハノーファー王をも兼ねていました。

この兄弟王の時代、トーリー党内閣の下に社会改革運動が活発化し、一七世紀末にいったん確立した宗教政策や政治社会体制も変化します。警察改革や死刑対象犯罪の縮減、児童労働制限や奴隷労働廃止など、労働問題にかかわる改革のほか、宗教面でも前進がありました。それが「カトリック解放令」です。当初、王(ジョージ四世)も首相もカトリック教徒に権利を与えることに反対でした。しかし一八二八年に首相になったウェリントン公が、一八二九年にカトリック解放令を、退位を脅しに使った王の捨て身の反対にもかかわらず通したのです。

図6-1　鏡に映った妻におびえるジョージ4世

この件で、王がイギリス政治における独立権力ではなくなったことが、まざまざと示されました。新聞をはじめとする報道と圧力団体の勢力増大により新たな世論が形成されるようになったことが、その大きな要因でした。
一八二八年に審査法が廃止され、非国教徒の公職就任は可能になっていたものの、カトリック教徒は除外されていました。それがこの解放令の結果、カトリック教徒男子はほとんどの文官の地位に着任できるようになり、選挙権も得て、議会入りも可能になったのです。

カトリック解放令はアイルランド人の多くにとって福音だったはずですが、アイルランド人への差別的法律はなくならず、反乱も頻発しました。しかも一八四五年から四年間、ジャガイモの疫病による凶作で大飢饉がおき、一〇〇万人以上が餓死しました。イギリス政府がまともな救済措置を取らなかったことが事態を悪化させたのです。

生き延びるため、そして差別を逃れるために、一八四〇年代から一九二〇年代までにアイルランドで生まれた人の四五％が海外に移住したと言われています。アメリカに渡ったアイルランド人とダブリンの共和主義者が組んで、反乱をおこすこともありました。

一八六八年にグラッドストーンが首相になると、アイルランドの窮状を改善するためにアイルランド国教会制廃止法(アイルランドに持ち込まれた英国国教会による教えを唯一正統な宗教とする制度を廃止する法律)、土地改革法などを制定しました。一八七〇年にはアイルランド自治協会が作られ、アイルランド議会設置や自治権を要求して勢力を伸ばしていきました。しかし一八八六年の「アイルランド自治法案」は、多くの反対にあって成立しませんでした。

選挙法改正

ウィリアム四世時代のより大きな改革は、一八三二年の選挙法改正です(図6-2)。名誉革命は議会の権限を確立したものの、有権者は人口の三%のみでした。その頃から民主化・議会改革を求める運動がおきていて、とりわけ産業革命によって力を得た中産階級の商人・金融業者が、自分たちの声が政治に反映されないことに不満を募らせ、また一八世紀末から四半世紀続いたフランスとの戦争に、おびただしい民衆が動員されたにもかかわらず、政治参加の権利がないことに憤《いきどお》っていたのです。

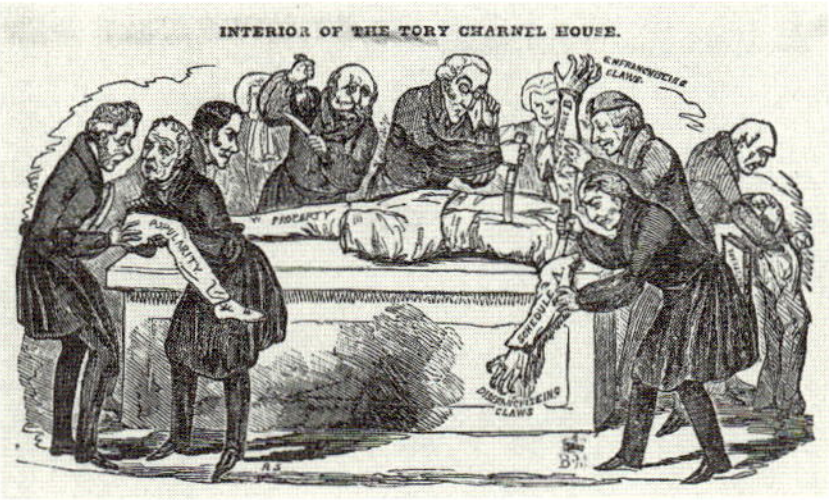

図6-2　選挙法改正反対のトーリー党貴族院議員らが人体(=改正法)を切断する風刺画

この第一次選挙法改正は、ホイッグ党の首相チャールズ・グレイが奔走し、強力な反対を押し切って成立。王もしぶしぶ支持しました。この改正は腐敗選挙区と指名選挙区を廃止し、選挙権を拡大・合理化しました。人民の代表を謳う庶民院が力を発揮するきっかけにもなりました。しかし有権者の数は約五〇万人から約八一万人に増えたものの、財産制限があったため大多数の労働者には選挙権がありませんでした。

そこで人民憲章(People's Charter)が議会に提出された一八三八

年から約二〇年間、チャーティスト運動という社会改革運動がおき、中・下層の大衆も参加できる普通選挙を求めます。しかし、地主らとその支持政党たる保守党や英国国教会などさまざまな既得権益者の反発で実現しませんでした。

保守党の庶民院院内総務ディズレーリの主導によって第二次選挙法改正が実現したのは一八六七年、次のヴィクトリア女王のときのことで、成人男子の三分の一まで有権者が増えました。労働者階級が独自の政党を結成する土台ができ、政党政治の発展がようやく本格軌道に乗ったのです。

その後、政権は保守党(一八三二年の新選挙法下での総選挙後にトーリー党が脱皮、おなじくホイッグ党は保守党内自由貿易派のピール派および急進派とともに自由党となる)が安定的に維持しましたが、労働組合員が若干名、自由党党員として当選したことが注目されます。

やがて一八七〇年に初等教育法が成立し、買官制の廃止や行政・司法改革も進展しました。選挙法は一八七二年には秘密投票になり、一八八四年には大半の男性、一九一八年からはすべての男性(と一部の女性)へと選挙権が拡大することになります。

ジョージ四世とウィリアム四世時代に戻りましょう。一八世紀末にいたるまで大臣らは中世と変わらず王の助言者以上ではありませんでしたが、この両王の時代、王は意に沿わない大臣の助言にも同意するようになり、政治を首相に一任するスタイルが定着していったため、王の権限は縮小していきました。ウィリアム四世は、王として議会の決めた人以外を首相に任命した最後の王となりました。こうしたことが近代的政党政治の発展を促し、王の支持よりも議会で多数を得ること、とくに庶民院での勝利が重要になりました。一八三七年以後、王はまったく閣議に出席しなくなり、議院内閣制が一段と成熟していったのです。

それでも、ウィリアム四世が気さくにその姿を一般市民に見せることで世論を味方につけていったのは、その後のイギリス王の立ち位置を予告するものになっていったと思います。

ヴィクトリア朝の帝国建設

ウィリアム四世には嫡子《ちゃくし》がなく、先王ジョージ四世唯一の嫡子シャーロット王女も亡くなっていました。こうしてジョージ三世の四男ケント公が五〇歳を過ぎて結婚しもうけた娘、一八歳のヴィクトリア（在位一八三七〜一九〇一年）に王冠が回ってきたのです。

即位翌年の戴冠式では、その様子を一目見ようと願う民衆たちで、ウェストミンスター修道院に通じる沿道はうめ尽くされました。盛大な祝典が終わり祝砲が鳴り響くや、自然と「ゴッド・セーヴ・ザ・クィーン」賛歌の大合唱がおきました。国民は王制を自明と捉え、王を敬愛し、その姿を見たがったのです。即位五〇周年、六〇周年祭でも、同様のシーンが繰り返されました。

ヴィクトリアは自分が女王になるとは思っておらず政治に未熟だったので、政治は首相メルボーン卿に任せ、ザクセン・コーブルク・ゴータ公の次男で従弟《いとこ》のアルバート(一八一九〜六一年)と結婚し、仲むつまじい二人三脚で帝国の隆盛を築いていきます。ですが夫が四二歳で亡くなると女王は落胆して半恒久的な喪に服し、いったん引退したような格好になりました。

長いヴィクトリア時代、イギリスは地球上にヘゲモニー(覇権)を振るいました。まず第二次メルボーン卿政権下でアヘン戦争(一八四〇〜四二年)をおこし、エジプト・トルコ戦争(一八三一〜三三年、一八三九〜四〇年)にも干渉、一八五四年にはロシアに対抗しオスマン帝国側に立ってクリミア戦争(一八五三〜五六年)に参戦します。五六年には清との間にアロー戦争(〜六〇年)、五七年には東インド会社の傭兵《ようへい》であるセポイがおこした大反乱もありました。また南アフリカではボーア戦争(一八八〇〜八一年、一八九九〜一九〇二年)も勃発しました。しかしこれらの大半は植民地での戦争で、イギリス本国にとっては比較的平穏な時代だったとも言えます。

一八七七年、ヴィクトリア女王は「インド皇帝」に即位します。イギリスは一八世紀初頭にはすでにインドおよび極東に貿易の拠点を有し、アメリカと西インド諸島も植民地でした。

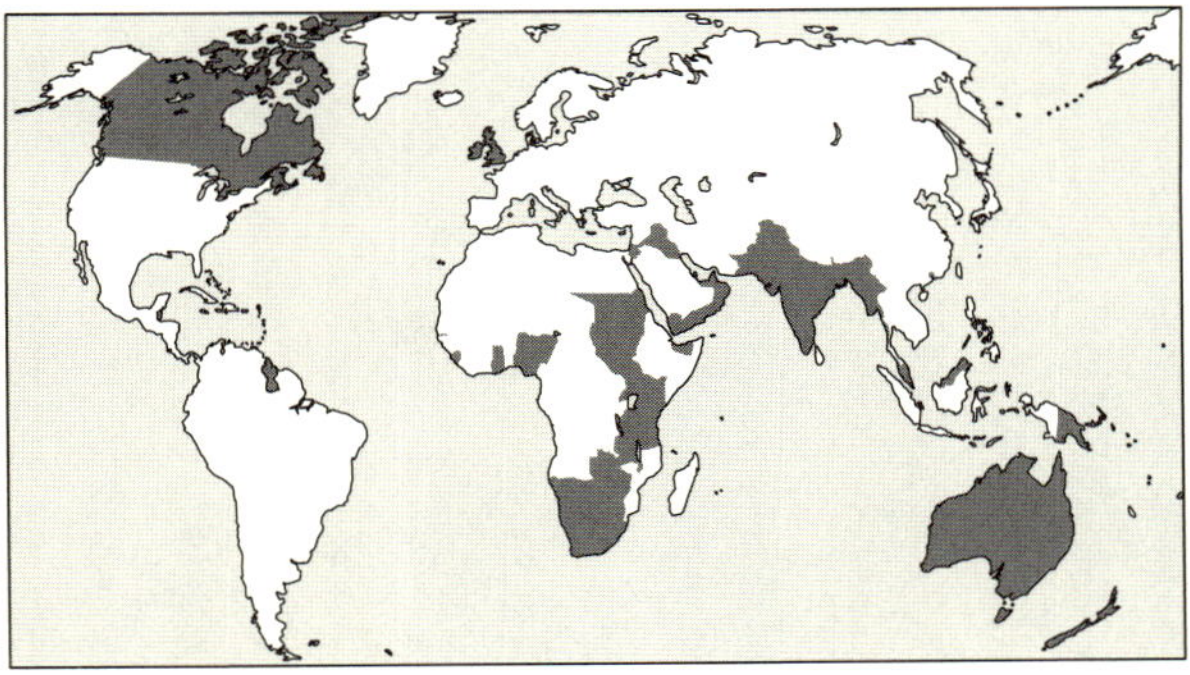
図6-3　20世紀初頭の大英帝国

アメリカは失ったものの、植民地は一九世紀のうちにぐっと増え、その後半のまさにヴィクトリア時代に、カナダ、オセアニア、アフリカ、カリブ海、さらにインドを中心とするアジアに世界最大の植民帝国を築いたのです。茶貿易と飲茶習慣の拡大が、帝国の拡大ともからんでいることは前述したとおりです。
六四年間におよぶヴィクトリア女王時代は、イギリスが世界の陸地面積の二〇％以上、人口の四分の一を支配する栄光の時代でした。一六世紀末以降のスペイン、フランスとの戦争に勝利して興隆していった大英帝国のまさに絶頂期です（図6-3）。
また国内産業も大発展しました。イギリスの君主制はこうした空前の広がりをもつ帝国の威光を浴びるとともに、その複雑・茫洋《ぼうよう》たる領土を統一する役割を負うようになったのです。帝国に君主制的・王国的要素が浸透して、いたるところ女王の名の付いた地名が登場し、帝国中の公的な建物ばかりか貨幣や切手にまで彼女の像が刻まれました。彼女の誕生日、五月二四日は「帝国記念日」として祝われるようになりました。

一九〇一年、ヴィクトリア女王は長い在位の末に亡くなります。数日後の二月二日、当時ロンドンに留学中だった夏目漱石は下宿の主人とともにハイド・パークに向かったところ「園内ノ樹木皆人ノ実ヲ結ブ」ような、おびただしい群衆が女王の葬送行列が現れるのを待ち望んでいるのを見て、驚嘆しています。

後を継いだ新王エドワード七世(一九〇一～一〇年)は、すでに六〇歳でした。あまり期待されていなかったものの、インド、ポルトガル、ドイツ、イタリアなどを訪れて和平を実現しました。五〇万人の兵士をつぎ込んで一年数か月戦っても総勢三万五〇〇〇人のボーア(オランダ系アフリカ人)軍を打ち破れないという、帝国主義を揺るがすボーア戦争がやっと終結したのも、一九〇二年、彼の治世でした。エドワードは一九一〇年に亡くなりました。

道徳的君主制

ではこの時代、王の国政上の役割にどんな変化があったのでしょうか。先代、先々代の王たちから政党政治が本格化して、多数政党に支えられた首相の力が大きくなっていましたが、ヴィクトリア女王の時代、王は新たな役割を見出したようです。

それは、君主制が社会における道徳的な力となり、国民から尊敬を集める存在になっていったということです。国民の敬愛と支持があるからこそ、王は形式的に国事行為をするだけでなく、政党間の調停をしたり中立かつ公平な仕方で権威を行使できるようになったのです。

ヴィクトリア女王の夫アルバートは、王室が国民的尊敬を集めるために「義務、道徳、勤勉、家庭性」という四つのきまじめな理想を掲げました。そのおかげで、モラルの手本、国民統合のシンボルとして王の権威はむしろ高まっていきました。以前のように王が醜聞に満ち、その放蕩三昧《ほうとうざんまい》が話題に上って馬鹿にされるようなことはなくなり、たとえ醜聞が流れることがあっても国民は心の奥底では王を尊敬し、あるいは尊敬したいと願うようになっていったのです。

国民の欲求を満たせるのは、存続基盤が不明確な政治家や政党ではなく、たしかに存在している王だけだと考えられるようになりました。言葉を換えれば、国民による統治、民主主義であるからこそ、情緒的支柱としての王が必要であることを皆が悟るようになったのです。この君主制への愛着は、ヴィクトリア時代の大英帝国の発展で、一層、強化されていきました。

栄光の裏側

しかし、繁栄の裏には犠牲者がいるものです。一九世紀半ばに急増した人口が都市に集中し、スラム化した地区は衛生状態が悪くコレラなどの疫病《えきびょう》が蔓延《まんえん》しました。工場法制定(一八三三年)、穀物法撤廃(一八四六年)、航海条例の廃止(一八四九年と五四年)、地主保護に代えての一〇時間労働法(一八四七年)や公衆衛生法(一八四八年)の採用といったさまざまな改革でも、人口の四分の三を占める労働者は置き去りにされました。

公衆衛生関係の法制が定められてインフラが整備されていったのは、ようやく一九世紀末のことでした。たしかに多くの労働者の生活レベルは上がりましたが、まだ人口の一五~二〇%が生活レベルギリギリ、八~一〇%はそれ以下でした。

ヴィクトリア女王自身の理解が残念ながら低かったことも、述べておかねばなりません。即位五〇周年祭にロンドンのスラム街をはじめて垣間見《かいまみ》たヴィクトリアは不快感を覚えただけで、貧困層の住宅事情の劣悪さには無関心でした。彼女は初等教育の普及にも反対し「これ以上の教育は下層階級にむやみに期待感ばかり植え付けて利益にならず不道徳ですらある、勉強などせず両親を助けて働かねばならない」と考えました。ですから、ヴィクトリア朝時代には「二つの国民」と言われるほど、貧富の格差が広がったのです。

工業プロレタリアートの激増をうけて結社禁止法(一七九九~一八〇〇年)が一八二四年に廃止されていたこともあり、数多くの労働組合が結成されストライキが激発したものの、世紀半ばには退潮していました。しかし一八七一年に労働組合法が制定されて団結権が保障され、七五年には争議戦も承認、ヴィクトリア朝末期からエドワード七世の時代にかけて、再びさまざまな労働組合が結成されストライキが続発します。未熟練・半熟練労働者を職業や地域の違いにとらわれずに広く包み込む一般組合(ゼネラル・ユニオン)も、結成されました。

一八九九年には「労働代表委員会」が結成され、一九〇六年にはそれが「労働党」に改称されました。労働党は漸進的な社会改革を実現しようとする穏健な社会主義を目指しました。その努力もあって二〇世紀初頭には多くの労働関係の法律が制定され、労働時間の制限、最低賃金、失業手当、年金、国民保険などが定められ、教育改革のための法整備もなされていきました。

遅れる女性解放

貧者対策以上にもっと遅れたのが、女性の地位向上、女性解放でした。産業革命はかつてなく女性に労働を求め、新たな繊維産業で長時間労働を強いました。

もちろん何の対策もなされなかったわけではありません。たとえば一八四七年には繊維産業で、一日一〇時間以上労働することは禁じられました。一八六七年には他の産業にも波及し、一八六〇年代までに一〇時間労働がふつうになっていましたが、実際には、明け方から夕暮れまで、生きるために自宅でもずっと働かねばならない人も多かったのです。貧しい女性は現金収入を得るために、農業、家内工業、商店や鉱山の仕事、奉公、その他何でもしたのです。

女性が家の外で働くことには批判もありました。「女性の本分は家事をして夫を助け、子を産み育てることで、夫のために家庭を安らぎの場とせねばならない」とされていたからです。

ですから上流階級の女性が公的な領域に出て行って仕事をすることを、エリートたちは阻止しようと考えました。「都市で働くと誘惑が増えて女性が堕落するのではないか、公的な領域に女性が出入りするとわがままで放縦《ほうじゅう》なフランス女みたいになってしまうのではないか」と恐れたのです。そこで、世の中の良き秩序を守るためには性別役割分担が必要だとする作法書や説教、訓戒《くんかい》、論文、あるいは小説がつぎからつぎへと出現します。

もちろん女性の政治参加を求める運動もありましたが、洪水のような「女性の本分論」によってかき消されてしまいました。女性の使命は娘・妻・母という三つの性役割で捉えられ、ヴィクトリア女王自身が君主であるとともに妻と母でもあることも、女性作家による「エチケット集」などで引き合いに出されたのです。

結局、女性の政治的権利獲得のための運動が本格化するのは、二〇世紀に入ってからでした。

エリザベス女王(二世)の祖父ジョージ五世の治世、一九一八年に三〇歳以上の女性、一九二八年には二一歳以上の女性にも参政権が与えられ、やっと男性と対等になるのです。

「白人の責務」論

このように国内での社会問題を抱えつつも大英帝国最盛期を迎えたヴィクトリア時代ですが、イギリス人の心理、植民地支配をめぐる考え方はどんなものだったのでしょうか。

フランスのナポレオンが一八一五年に最終的に敗北してからは、もはやイギリスは敵なしで、実際、大きな戦争に負けたことはありません。それが「自分たちは世界に冠たる大英帝国を築くべく嘉《よみ》されている」との意識をもたらしたのでしょう。

産業革命を経て「世界の工場」になったイギリスですが、アメリカやドイツがしだいに競合するようになり、一八七〇年代中葉から約二〇年間は大不況に見舞われます。国内市場が小さかったのも難点で、一八七四年の選挙で保守党ディズレーリが自由党グラッドストーンに勝利して第二次政権を形成すると、ヴィクトリア女王の篤《あつ》い信頼のもと、帝国主義に邁進していきます。経済的利益を得ながら、国民に満足を与える国家的威信の発揚をしようとしたのです。

もちろん帝国主義的支配には後ろめたさもありましたが、「白人の責務」を掲げて、正当化していきました。それは「先進国イギリスは未開で劣った有色人種を指導・後見して文明化する義務がある」とするもので、黒人や黄色人種は白人に服するのが当然とされました。「自由と文明の使者たるイギリス人の言葉、物品、習慣、技術、産業で世界を満ちあふれさせることこそ、優良なる民族が神から授かった召命であり、帝国中にユニオン・フラッグを翻《ひるがえ》させる行いには自由・公正・正義の美徳がある」とされたのです。

これは首相のパーマストンやディズレーリ、あるいはケープ植民地首相でダイヤモンド業者のセシル・ローズらの考え方で、それにヴィクトリア女王も同調したのです。

いわゆる英語帝国主義も、この文脈で理解できます。すでにヘンリ八世が、ウェールズ、アイルランド、スコットランドに英語を公用語として強要する施策を試みていましたが、一九世紀にはインド、アフリカなど世界に広がる植民地に「卓越した言語」としての英語を押しつけ、イギリス的な価値観を内面化させようと教育システムを整え、さらには法廷での英語使用や公職者の英語の知識習得を義務化していきました。

大英帝国における国王の忠実なる臣民は、文芸や科学とは縁もゆかりもない現地語など棄《す》てて英語を使うのが自分たちのためでもあるのだ……という議論です。

「想像の帝国」と栄誉

「アングロ・サクソン族のみが世界に法に則った普遍的平和をもたらせるのだから、未開地域の植民地化を進めて帝国を築く資格があるのは大英帝国だけ」という考えに民衆も拍手を送り、ミュージック・ホールでは国粋的な流行歌が歌われました。

学校で歴史が必修になったのは一九〇〇年ですが、歴史教科書で帝国の偉大さを教え、その大英帝国の担い手としての義務を学ばせました。そして、世界で諸民族に強大な支配権を揮《ふる》っている大英帝国の中心にいる誇りと優越感、たえざる戦争の必要性を叩《たた》き込んだのです。

大英帝国とはカナダ、オーストラリア、ニュージーランド、インド帝国、アジア・アフリカ・カリブ海の直轄植民地など世界の広大な地域からなるだけでなく、「想像の帝国」でもありました。イギリス国内が貴族階級の頂点に立つ王から最底辺の臣民までのピラミッドを成していたのと同様に、帝国にも人種のヒエラルキーがあると考えられ、イギリス人がもっとも優越した地位にあるのはもちろん、植民地支配に服する人びとも序列化されていきました。

図 6-4　イギリス支配下のインドでの飢饉

そして上位にある者たちには「栄誉」すなわち細かくランク分けされた勲爵位《くんしゃくい》が授けられました。植民地の国王代理や総督・政治家や入植したイギリスの有名人だけでなく、インドの藩主やナイジェリアの王族、マラヤのスルタンといった現地人にも、盛大な式典を挙行して勲章を授与したのです。

もちろん栄誉の源は、イギリス王にほかなりませんでした。ヴィクトリア女王からジョージ六世まで、帝国叙勲《じょくん》を創設し、広め、割り当てることに、非常な関心を抱いていたのです。

なお、外国王室へのガーター最高勲位授与も、もともとはイギリス国王を頂点にした栄誉体系の構築という帝国主義的野望から発したことでした。ちなみに、明治天皇、大正天皇、昭和天皇、今上天皇と、わが国の天皇も歴代、イギリス国王からガーター勲章を贈呈されています。

分断統治の得意技

イギリスは植民地を広げて侵略を進めていくために、その地域で興隆しつつあるグループに対立するグループを組織してこれに当たらせるという内部分断政策を採りました。

たとえばオスマン帝国統治下にあったアラブ人をメッカの族長ハシミテ家フサインのもとに集結させ、オスマン帝国政府への反乱に立ち上がらせる工作をしました。一八八二年以来、植民地化を進めていたキプロス島でも、ギリシャ系キプロス人とトルコ系キプロス人らを分断して争わせる工作をしたのです。その結果、独立を果たした現在も、北キプロスと南キプロスに分裂してしまっています。また、南アフリカにおいては、イギリス人の無法者集団を軍事組織に仕立ててボーア人の国に侵攻させて政府を倒し、金鉱を支配しようと企てました。

これらには、どこか既視感があります。中世のイングランドは辺境のウェールズやアイルランドを「驚異」の世界としつつも、「野蛮で未開な場所」として位置づける心理機制を働かせ、いかに住民の間に不和の種をまいてたがいに争い合わせるかに知恵を絞りました。クロムウェルが短い共和制時代に厄介者の兵士やイングランドへの忠誠者をアイルランドに送って東部に住まわせ、旧住民は不毛な西部に追いやり「二つのアイルランド」を築こうとしたことも、思い起こさせます。

レディ・トラベラー

ところで、社交下手というイギリス人の性格については前章で述べましたが、これは植民地でも発揮されていました。植民地で英国人だけが集まって他の国民を気遣わない特異な「イギリス人村」が、緻密にヒエラルキー化してできていたのです。

こうした状況では「白人の責務」を感じて「遅れた未開人を文明化」するなど本気でやれるはずもなく、植民地では自分たちだけで小さくまとまってしまうしかありませんでした。

そうしたなか、帝国建設を進めるこの時代、敢然《かんぜん》と植民地へ赴いた女性たちがいます。一九世紀半ばから第一次世界大戦前後まで、アジアとりわけインドとサハラ砂漠以南のアフリカを中心に、また西インド諸島やエジプト・中東へも、大勢の女性が入っていったのです。植民地行政官の妻や宣教師のほか、現地の風俗慣習を研究する人類学者や冒険家、教師、看護師、改革者などもいました。いずれも中産階級以上の育ちの「レディ」で、礼節も教養も備えていました。

先に見たように、イギリス女性は本国では「劣った性」とされていましたが、ヨーロッパ文明、イギリス文明から見て「劣等人種」に向かい合えば、女性も何か大英帝国発展に役立つと考えられたのでしょう。彼女たちは、その善意や博愛主義にもかかわらず、イギリス政府の進める偽善的「帝国意識」の尖兵《せんぺい》とされたのです。

味に無頓着《むとんちゃく》な王

二〇〇五年七月、七年後の夏季オリンピック開催地がロンドンかパリかで決定する直前のこと、当時のフランス大統領ジャック・シラクは「イギリス料理はフィンランドの次にヨーロッパでもっともまずい、そんなにまずい料理を食べている人たちは信用できない」と発言したそうです。私も心からシラクに同調したくなる、という経験をイギリスで何度かしていますが、「おいしい・まずい」は主観的な判断かもしれません。

では、イギリス料理は本当にまずいのでしょうか？　だとすると、そこにはどんな原因があるのでしょう。もちろん、気候風土が豊富な作物栽培に向いていないという自然環境の差はあるのでしょうが、それは技術革新や世界的な農作物流通で解決されうる問題でしょう。

イギリス中世の王侯貴族の間には大食を善しとする風習があり、ウィリアム一世征服王の食欲は伝説化していましたし、ヘンリ八世の巨大な体軀の肖像画は彼がいかに大食漢であったかと想像させます。一九～二〇世紀初頭のジョージ四世やエドワード七世もおなじで、後者の時代には上流階級における大食の伝統が頂点に達し、人びとはウェストの太さを競い合いました。上流の家ではいつ終わるともしれない宴席が催され、まさに中世そのものでした。ジョージ四世は「ビールとビーフがわが国民を作りあげた」と述べたそうです。

対して、女王の食事は質素だったようで、たとえばエリザベス一世のディナーはいつも二つのコースでそれぞれのコースには多くの種類の肉が出されたものの、女王はほんの少ししか食べなかったといいます。ワインはめったに飲まず、ビールを好みました。

ヴィクトリア女王も食べ物に興味がなく、朝食はゆで卵のみ、金のゆで卵立てと金のスプーンで食べたそうです。それでも宴席は帝国の光明を食卓に反映させたように豪勢で、フランス人シェフのＭ・メナジェを大金で雇って総料理長とし、その配下の四五人の料理人・台所係の多くもフランス人で、王族と客人に豪華で豊富なコース料理を供しました。

このように、近代までは大食漢の王もいましたが、ジェントルマンや中産階級においては、近世以降の全体の趨勢《すうせい》として、節制に努めることと食への無関心が広まっていきました。

イギリス料理はまずい？――味覚破壊教育

その第一のきっかけは、宗教改革です。ピューリタン革命の指導者オリヴァー・クロムウェルは、クリスマスにさえ断食を敢行して人びとに倣わせました。一七世紀のピューリタンの牧師リチャード・バクスターは「食事時間など一五分もあれば十分で、一時間も費やすなど馬鹿げたことだ」と言っていますし、「おいしそうな食事は悪魔の罠《わな》なので目にすべきではなく、貧者の粗食を食べるようにすれば地獄堕ちから免れる」とも説いています。

こうした説教をいつも聞かされていれば、食事への関心などなくしていくことでしょう。宗教改革の後、イギリスのジェントルマンたちの間では、フランスが王とその宮廷を中心に食に妄執して堕落したのに対抗して、「羊、牛、鹿などの肉(とくに脚・腿《もも》肉が実質的でよい)をゆでるか焼くだけでソースなどかけずに食べること」が勧められました。

ジェントルマン階級の子弟が成長期の大半を過ごすパブリック・スクールも、粗食主義訓練の場となりました。ハロルド・アクトン卿は、ローンウッド・クランマー学寮の食事に出た「汚なく油っぽいマーガリン、毛の付いた豚・仔牛の頭・足肉のゼリー寄せ、漬け豚肉、ごつごつしたポリッジを、こっそりハンカチにくるんでトイレに棄てた」と回想しています。

近年でも、パン、野菜スープに豆類とポテト、それに安い鱈《たら》か鰊《にしん》の燻製《くんせい》があれば十分で、週一～二回、安価な鶏肉かソーセージ類を食べれば満足、というイギリス紳士が多いようです。

農民や労働者階級は、もっと粗食でした。肉類は少なく、中世以来の野菜煮込みスープや乳製品にライ麦パンか大麦パンが主食でしたが、一八世紀前半からライス・プディングが、後半からはジャガイモが一般化していきました。その後ジャガイモは労働者階級の食事を代表する食材として安い魚とともに大量に供給できるようになり、これが一八六〇年代以降から、現在イギリス料理を代表する「フィッシュ・アンド・チップス」(図6-5)として普及していったのです。

図6-5　フィッシュ・アンド・チップス(写真：123RF)

しかし、現在のイギリス料理の「まずさ」を決定づけたのは、ヴィクトリア朝の中産階級だったようです。彼らは快楽を表に現すことにナーバスになり、自ら禁じました。彼らは産業発展の波に乗ってお金を貯め、ちょっと良いつくりの家に素敵な家具を整えて住むようになりましたが、その傍らには不満をかかえる貧者が群れていたのです。ですから、せめて食べ物を粗食にして食に無感動になることで、罪悪感を払おうとしたのでしょう。

彼らは食に快楽を覚えることを身の破滅と社会的墜落の道と考え、おいしそうに、または飢えているように食べてはならないと、子どもたちにも厳しく禁じました。要するに食べ物の力を無力化すべきで、子どもたちが食事に興味をもつことのないよう日々努めたのです。

育児書でも「離乳食は単調でまずくすべきで、魂のため、身体が嫌う食べ物を子どもに与えねばならない」とされました。まずくて味気ない食べ物が、最良なのです。マッシュ・ポテト、ライス・プディング、ポリッジ、煮るか焼いた羊肉、葉野菜……いずれも味気ないものにして、生涯にわたる食べ物への不信が子どもたちに植え付けられました。

こうして一七世紀以降、とりわけ一九世紀には、庶民はもちろん貴族でさえ食事量を減らすとともに、その「おいしさ」に頓着しなくなっていきました。イギリス人にとって、食事は文化とは無関係の生きるための燃料補給にすぎないのです。

そしてだからこそ、一九世紀に大英帝国を築けたのではないでしょうか。どこに行っても食べ物を気にせず「燃料」として口の中、腹の中にそそくさと放り込んでおけばよい、そんなたくましい男たちがいなくては、植民地経営は成り立たなかったでしょうから。

ロンドン万国博覧会

さて、産業革命の成果が社会基盤の上昇として表れたのも一九世紀、とくにヴィクトリア朝でした。まず交通機関が進歩しました。最初の鉄道＝蒸気機関車は一八二五年にストックトン＝ダーリントン間、ついで三〇年にマンチェスター＝リヴァプール間が開通しました。

一八四八年に鉄道網は五〇〇〇マイル（約八〇〇〇キロメートル）まで延び、その後、世紀後半にかけて急速に各地に広がっていきました。同時に照明も改善され、一九世紀中には道路にガス灯が点《とも》って安全・快適になりました。

こうした産業化、工業化の成果を白日の下にさらしたのが、一八五一年のロンドン万国博覧会です。発案したのは当時のロンドン公文書館館長補佐のヘンリ・コールで、彼は一八四九年にパリで開かれた産業博覧会を調査し「これを凌駕《りょうが》する大規模な万国博覧会をロンドンで開催して、イギリスがフランスを超えたことを示すべきだ」とアルバートに進言したのです。

かくして翌五〇年、アルバートを総裁とする王立委員会が組織され、一八五一年五月に盛大に開幕しました。ヴィクトリア女王とアルバートは万博開会式のため、歓呼の声が響きラッパが鳴り渡るなか、バッキンガム宮殿から水晶宮まで行列して進みました。五〇万人以上の見物人が、ロンドンの通りを行く王室行列を目撃しました。

展示の目玉はなんといっても庭師上がりのジョセフ・パクストン設計になる水晶宮(本章扉絵参照)で、長さ約五六三メートル・幅約一二四メートルの壮大な鉄材・ガラス建築でした。公園の堂々とした木々のいくつかは建物によってすっぽり覆われ、その内部に、大きな蒸気機関から最新式カメラまで近代産業の枠を表す多種多様な商品を展示することによって、イギリス・テクノロジーの最前線を押し出したのです。

イギリスが誇る大型天体望遠鏡、回転式灯台、石像噴水に見物人は目を丸くし、機械部門の蒸気機関車、パワードリル、印刷機、鉄道車輪用旋盤、紡績機械や力織機、自動刈入機、トラクターなど複雑な機械の前にも、人びとは唖然《あぜん》と立ちすくみました。また「科学技術品」セクションには、顕微鏡から飾り時計や奇抜な医療機器までが展示されました。

アルバートらのもくろみは、イギリスとその植民地からの技術と新製品を展示し大英帝国の力を誇示することでしたが、それに国際的な味を添えるため、半分近くの展示は他の国からのものになりました。呼びかけに応じたのは三四か国、出展者総数は一万数千ありました。

五月から一〇月まで一四一日間の入場者は、のべ六〇四万人。この「世界の工場」としての役割を高らかに宣言したロンドン万国博覧会は、大成功でした。ヴィクトリア女王は万博に魅了され、三〇回以上も水晶宮を訪問したということです。

貴族たちはこうした革新技術を鼻で笑い、万博を冷遇しました。しかし彼らがどう思おうと、一般市民には関係ありません。また、近世まで貴族たちによって支えられていた王室は、一九世紀以降には、中産階級そして労働者たちの人気・意向を無視しては成り立たなくなっていました。それを、ヴィクトリア女王とアルバートもよく理解していたのです。

一八六二年には国際博覧会(第二回ロンドン万博)が開催されますが、直前にアルバートが死去して勢いを削《そ》がれ、王室とのつながりも絶たれてしまいました。第二回はクリミア戦争を経ていたため新型大砲「アームストロング砲」が展示され、それが平和主義に則った第一回——じつは第一回にも兵器見本は多数出品されたようですが——とは大きく異なる点でした。

一八八〇年以降も、植民地の建築物や工芸品、本国の工業や技術の展示を中心に、ロンドン他主要都市で何度も博覧会が開催され、帝国の繁栄と一体性を誇示しました。一九二四年、ヴィクトリア女王の孫ジョージ五世を名誉総裁に開催された帝国博覧会は、その集大成でした。

死ぬ前にもう一度パブに

ところで、イギリス人男性がいちばん好きな場所はどこだと思いますか？　それは、パブではないでしょうか。家を居心地よく整えて理想的な庭を造るのも彼らが望むところですが、パブは社交下手のイギリス人が、それでも毎日人と接して気晴らしできる場所、ビールを飲みタバコを吹かしながら天気やスポーツ、地元の出来事や農作業についておしゃべりできる場所でした。賭《か》け事に興じ、歌を歌うこともありました。まさに第二の家庭として、パブで長時間過ごすことになったのです。現在でも、大人の四分の三以上がパブ通いをしているそうです。

パブとは「パブリック・ハウス」の略語です。パブリック・ハウスは一七世紀後半に、さまざまな酒場の総称として登場しました。酒場が林立したのは、ピューリタン革命で厳格な禁欲主義が命じられたことへの反発が、革命後におきたからかもしれません。海軍官僚サミュエル・ピープスの『日記』（一六六〇〜六九年）には、「星」「半月」「白鳥」「緑竜」「金獅子」「琴と球」「太陽」「司教冠」「天国」「斧《おの》」などイメージ喚起力豊かな名前の付いた居酒屋が、一五〇も出てきます。さらに一八六五年に「パブ」との略語が初登場します。

パブ以前にあったコーヒーハウスは大都市、おもにロンドンで栄えた種類の店で、客はコーヒー、ココアや紅茶を飲みながら政治や商売の話をしたものでした。これは一七～一八世紀に栄えますが、一八世紀後半には廃れていきます。このコーヒーハウスの退潮に反比例するように、パブが栄えていったのです(図6-6)。

図6-6　19世紀のパブの風景

パブはもともと社交場、居酒屋として重要で、旅籠《はたご》、馬車宿、駅馬車の中継地点としての役割があり、そこで見せ物・劇も行われたのですが、ヴィクトリア朝になると、現在まで続く固有のパブができていきます。多機能性が失われて、居酒屋に専門特化していったパブです。ヴィクトリア朝期には、工場でのつらい仕事や口うるさい女房たちから逃れて、しばし安らぎを得るために酒場通いをする労働者が多かったのです。パブ好きだった大作家チャールズ・ディケンズ(一八一二～七〇年)の作品にも、さまざまなパブが登場します。

労働者が主体になると、パブは徐々に労働者の酒場たる性格を鮮明にさせ、上流はもちろん中産階級からも「汚く危ない場所だ」と避けられるようになります。そしてジェントルマンは、会員制のクラブに集うようになります。

イギリスのテレビドラマには、ほぼ必ずパブを舞台とした場面があります。フランスならカフェ、イタリアならバールでしょうか。「もう一度でいいから、死ぬ前にパブでビールを飲みたい」と言う人が多いというのは、この憩《いこ》いと歓楽の小空間が、一九世紀のイギリスの男たちの思いが集約して作られたからなのでしょう。

居心地良き家庭さえあれば

では、イギリス人は何を生き甲斐にしているのでしょうか。食べることでないのはたしかでしょう。彼らは身の回りを心地よきもので満たすことに専心しているように見えます。パブ、庭園への執心はすでに述べました。ここでは、家とその内部に目を向けてみましょう。

イギリスの家はコンクリートや石よりも、煉瓦《れんが》を被せた木造家屋がその居心地のよさから好まれてきました。こうしたふつうの住居こそが、イギリスを代表する建築の傑作なのです。

イギリスには、文学は別にして、音楽にしても絵画・彫刻にしても偉大な芸術はありませんし、世界的な哲学といえるものも生み出してきませんでした。ところが生活文化・実用文化という点では、きわめて優れた逸品を産出してきました。まさに現世主義・実用主義の国です。その代表のひとつが「ふつうの家」なのです。

家の居間には必ず暖炉《だんろ》があり、それは家族の魂の光だと言われます。暖炉のある部屋は団欒《だんらん》場所で、ソファーや肘《ひじ》かけ椅子《いす》がしつらえられています。椅子に張る布地、あるいはシーツやテーブルクロス、ナプキンも、手作りの工夫がなされています。それらは先祖代々から受け継いだものであれば、なお良いのです。優美や豪奢《ごうしゃ》さよりも、長期間使用に耐えることが重要です。金や銀の食器には手の届かない身分の者たちも、白鑞《しろめ》(錫《すず》と鉛《なまり》の合金)の食器なら手に入れられました。こうした食器だけでなく、文具や馬具、猟の道具なども、使いやすさと長持ちが求められ発達していきました。

一八世紀にはクイーン・アン様式、ジョージアン様式の家具が流行り、家具の歴史の黄金期を迎え、快適で優雅に洗練された家具が上流階級のみならず中流階級にも愛されました。代表的なデザイナーは、チッペンデール、シェラトン、ヘップルホワイト、アダム兄弟などです。そして一九世紀には「近代デザインの父」とされる、ウィリアム・モリスが活躍します。

家を自分と家族のために最高に心地良くしたい、という願いは「持ち家」志向につながります。まさに「イギリス人の家は彼の城」であり、また一九〇九年の詩のひとつは「ドイツ人はドイツに、ローマ人はローマに、トルコ人はトルコに住んでいるけれど、イギリス人は自分のお家に住んでいる」とうまく言っています。

イギリス人は信仰のように「家庭」(ホーム)を重んじます。「ホーム」こそが最良で真実の幸せの在処《ありか》、誠実でプロテスタント的なイギリス人の魂なのです。先に述べた家族の絆の弱さと矛盾するようですが、家族はバラバラでもそれぞれが「アットホーム」でいたいのです。

「ホーム」という言葉には他のヨーロッパ諸言語にはない、独特の情動を喚起するニュアンスもあるようです。形容詞的に使われれば home-spun, home-bred, home-grown, home-made, home-cooked など質の保証を示します。とくに中産階級の感性が敏感に彫琢《ちょうたく》されていったヴィクトリア期、ホームの感情価値が高まり、子どもたちの記憶にも刻まれるようになったようです。

こうして遅くとも一八世紀半ばから、ホームが人間的温かさの原郷としてイギリス人の心を捕らえ、ホームを舞台にした小説も人気になります。イギリス人にとってホームは心地よい場であるべきで、誰にも乱されたくなく、だから招かれざる客は嫌われるのです。

美しいイギリス風景

もうひとつ、家の周囲の風景もホームの構成要素です。イギリス人の故郷愛は激しいのです。緑なす平地やヒースの荒れ地、丘陵地帯が続き、所々畑や牧場に囲まれた森がある。そうしたイギリスの風景は全体としてなだらかに優しく、四季折々の変化に富み、また似ているようでも地域ごとに特徴があり、いずれも絵のように美しいのです(図6-7)。自分の生まれ育った美しい風景へのイギリス人の思い入れは、とても大きいのです。

図6-7　イギリスの田園風景(写真：123RF)

産業革命後の人口増加・乱開発で破壊された美しい自然環境を守るため、一八九五年には「ナショナル・トラスト」という歴史的名勝地や景勝地保護活動のための任意団体が創設されました。山と湖に囲まれてイギリス一美しいとされる湖水地方の広大な土地が、かの『ピーター・ラビットのおはなし』の原作者ビアトリクス・ポターによって同団体に寄付されたことは、よく知られています。

日系イギリス人作家のカズオ・イシグロは著書『日の名残り』(土屋政雄訳、ハヤカワepi文庫、二〇〇一年)で、この英国の落ち着いた、他に替え難いすばらしい景観とそれが英国人にもたらす意義を、巧みに述べています。

私が見たものは、なだらかに起伏しながら、どこまでもつづいている草地と畑でした。大地はゆるく上っては下り、畑は生け垣や立ち木で縁どられておりました。遠くの草地に点々と見えたものは、あれは羊だったのだと存じます。右手のはるかかなた、ほとんど地平線のあたりには、教会の四角い塔が立っていたような気がいたします。(中略)

私は、表面的なドラマやアクションのなさが、わが国の美しさを一味も二味も違うものにしているのだと思います。問題は、美しさのもつ落着きであり、慎ましさではありますまいか。イギリスの国土は、自分の美しさと偉大さをよく知っていて、大声で叫ぶ必要を認めません。これに比べ、アフリカやアメリカで見られる景観というものは、疑いもなく心を躍らせはいたしますが、その騒がしいほど声高な主張のため、見る者には、いささか劣るという感じを抱かせるのだと存じます。

そして彼は主人公をして、このイギリスの風景を形容する語として「品格」を言い「イギリスの風景がその最良の装いで立ち現われてくるとき、そこには、外国の風景が――たとえ表面的にどれほどドラマチックであろうとも――決してもちえない品格がある。そしてその品格が、見る者にひじょうに深い満足感を与えるのだ」と述べるのです。

「田舎道がありさえすれば、穀物畑のかたわらに、小さな小屋がありさえすれば、イングランドはいつでもあるさ」There'll always be an England/While there's a country lane,/Wherever there's a cottage small/Beside a field of grain――これは、第二次世界大戦に出征した兵士がこの上なく愛し、口ずさんでいた歌の歌詞です。

戦争に徴集された兵士たち、あるいは植民地に渡ったイギリス人も、いつか故郷に帰る日を夢見ながら、異郷の地にさえイギリスの美しい風景の幻影を見ていたのでしょう。

フェアプレーの精神

イギリス人のまた別の特性として、彼らは「フェアプレー」を非常に重んじます。貴族から農民、都市労働者や馬車の御者まで、フェアネスとは何かを知っています。これまで見てきた王と貴族階級、やがて中産階級らも加わって段階的に作られてきた法的遺産と国制が、その柱になっています。イギリス人の誇るイギリス憲法(諸法・原則の集合)と諸制度は、上から押しつけられたものではない自然な正義の感覚を表し、強化するのです。

一八～一九世紀のヨーロッパの革命の時代、フランスが抽象的で普遍的な諸権利の教義を掲げたのに対し、イギリス人にはフェアプレーが社会的コンセンサスの枠組みを提供していました。彼らは抽象的な理念や強力な政府に服して束縛されるのではなく、自分たちの内的感覚に従い、それを法・慣習として外部化して自発的に服するのです。

ですからフェアプレーは、規則遵守とか社会生活の要請への機械的な適合というだけではなく、共同活動への深い帰依《きえ》を要件としているのです。これこそイギリス人気質の最たるもので、近くは集団・団体への帰順であり、遠くは王が象徴する国家への献身です。

こうしたフェアプレー精神が日常的に培われる場は、スポーツでした。中世的な荒っぽい体のぶつかり合いではなく、ルールに加えて審判のいる近代スポーツです。イギリスでは一八〜一九世紀にかけて、フェアプレーを心がけるスポーツマンシップが称揚されました。

イギリス人たちは、まず貴族・ジェントルマン階級から、暴力性を矯《た》められて忍耐強くなり、それがやがてイギリス人全体の特徴として推進されていきました。

クリケット、ポロ、競馬と近代スポーツの発祥

代表的なスポーツを眺めてみましょう。まず、クリケットというまさにイギリス的なスポーツがあります(図6-8)。起源は一六世紀、昼休みやティーブレークのある、精妙でおかしなジェントルマンの遊びです。全国統一ルールができたのは一七四四年です。この不思議なスポー

ツは一九世紀のヴィクトリア時代、ジェントルマンにふさわしい、動作が美しく尊敬されるべきゲームとして推奨されるようになり、一八〇五年からパブリック・スクールのイートン校とハロウ校が相まみえるのが伝統になっています。相手のミスを待つスポーツで、大変ゆっくりした進行のため、丸一日かけても決着がつかないことも珍しくないようです。

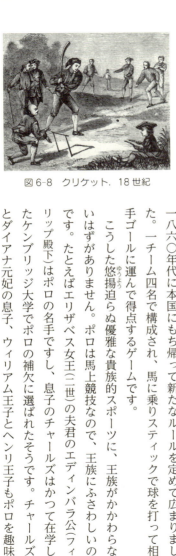

もうひとつ、他国の人にはあまり理解できないイギリスならではの貴族的スポーツに、ポロがあります。これは古代ペルシャに発祥したとされ、イギリスが植民地インドでそれを発見し、一八六〇年代に本国にもち帰って新たなルールを定めて広まりました。一チーム四名で構成され、馬に乗りスティックで球を打って相手ゴールに運んで得点するゲームです。

図 6-8　クリケット，18 世紀

こうした悠揚《ゆうよう》迫らぬ優雅な貴族的スポーツに、王族がかかわらないはずがありません。ポロは馬上競技なので、王族にふさわしいのです。たとえばエリザベス女王(二世)の夫君のエディンバラ公(フィリップ殿下)はポロの名手ですし、息子のチャールズはかつて在学したケンブリッジ大学でポロの補欠に選ばれたそうです。チャールズとダイアナ元妃の息子、ウィリアム王子とヘンリ王子もポロを趣味で楽しんでいます。

もうひとつ、王族が大いに肩入れしたスポーツは競馬です。一五七四年、エリザベス一世が頻繁に訪れたソールズベリ平原の競馬場に、スタンドが作られたことが知られています。歴代王の多くが競馬の庇護者・愛好者でした。エリザベス一世のほか、ジェームズ一世、チャールズ一世も競馬の大ファンで、彼らの時代にニューマーケットという競馬の町が開かれました。

王政復古後のチャールズ二世も競馬好きで、観戦や馬の飼育・取引に関わるだけでは満足できず、自ら騎乗してレースに出場し、一六七一年一〇月一四日にニューマーケットで行われたタウン・プレート競技では優勝してしまいました。

王室との関係では、ウィリアム三世が専用の繁殖場をハンプトン・コートに作り、アン女王は自らロイヤル・アスコット競馬場(現在も王室所有)を創設したことも、特筆されるでしょう。王や王族たちは、その後も競馬を愛し、保護し、王室の持ち馬の勝利を願ったのです。「競馬は王様のスポーツ」と言われるのも、むべなるかな、です。

なお、現在のエリザベス女王も大の競馬好きで競走馬を所有し、毎年六月のエプソムダービーを楽しみにしているそうです。レースに興奮のあまり、自席を離れて最前列まで飛び出ている様がテレビに映し出されたこともありました。

イギリスは近代スポーツ発祥の地とされ、今挙げてきた「貴族的」なもの以外に、サッカー、テニス、ラグビー、モータースポーツなど、庶民的なスポーツもイギリスで成立しました。

ゴシック小説から推理小説へ

さて、本章で先に「イギリスには文学は別にして偉大な芸術はない」と述べましたが、文学が発達したのも大英帝国の絶頂期、ヴィクトリア朝のことでした。それらの特徴は、第5章で述べた死への関心と、リアリズム、物語的な叙述です。

ヴィクトリア朝の少し前に短期間人気になり、その後の小説にも影響を与えたジャンルとして、「ゴシック小説」をまず取り上げましょう。これは一七六四年、有名な政治家の息子ホレス・ウォルポールが書いた『オトラント城』を嚆矢《こうし》とするもので、朽ち果てた薄気味悪いゴシック風の建物や廃墟《はいきょ》となった修道院、地下牢などを舞台に、山賊や血に飢えた悪魔、残忍な宗教裁判に子殺しなど、おどろおどろしいシーンを描いて恐怖心をそそる物語です。天から大きな兜《かぶと》が降ってくるなど、超常現象も取り入れられました。

まさに悪夢の世界ですが、プロテスタントの厳格主義の道徳や法律から束の間解放されるカタルシス効果もあったのでしょう。一八世紀末に最盛期を迎え、一九世紀には衰えていきます。

ゴシック小説が衰えても、猟奇趣味が消えたわけではありません。それどころか一八二八年以後「血を売り物にした」どぎつい木版画添えで、連載形式の読み物がわずか一ペニーで売り出され、労働者たちもむさぼり読みました。それらは「ペニー・ブラッド」ついで「ペニー・ドレッドフル」と呼ばれる、暴力や殺人を中核にした奇想天外ながら型にはまった三文小説ですが、大いに売れて出版社を潤しました。一大ベストセラーとなったエドワード・ブルワー＝リットンの『ペラム――ある紳士の冒険』(一八二八年)という作品は国王ジョージ四世もすっかり気に入り、各王宮に一冊ずつ備えるよう命じたそうです。

ヴィクトリア朝になっても、『吸血鬼ヴァーニー』などのペニー・ドレッドフルは大人気でした。また殺人犯の伝記がつぎつぎ出されて評判を呼びました。ペニー・ブラッド(ペニー・ドレッドフル)が空想の中に現実の事件を織り交ぜていたように、人びとは現実の殺人事件にも異様な興味を示したのです。

一八二三年のサーテルによる「エルストリー殺人事件」、一八二八の年ウィリアム・コーダーがおこした「赤い納屋《なや》殺人事件」、一八四九年の「バーモンジーの恐怖」、一八六〇年の「ロード・ヒル・ハウス殺人事件」などなど現実の殺人事件を、イギリス中の人たちが素人探偵になったかのように恐怖におびえつつ推理しました。犯人が意外な人物で、計画が冷酷かつ緻密、殺し方が刺激的で殺人場所が意想外ならいっそう素敵に見えました。新聞雑誌も連日大騒ぎしたのです。なかでも毒々しい挿絵を載せたブロードサイド(瓦版《かわらばん》一枚刷り)は、安いので労働者も競って手に入れました。

また、殺人現場や死体を運んだ馬車、処刑された犯罪人の遺体などを見に、好奇心に駆られた何万もの群衆が集まり、まるで巡礼のようでした。殺人事件が記念品(装身具、工芸品、絵画、殺人現場の陶器製レプリカ)になったり、街頭芝居・人形劇や覗《のぞ》きからくりになったり、あるいはバラッドが作られて皆が歌詞を一所懸命覚えて歌ったりもされました。

こうしたことを背景に作られた名高い殺人犯が永遠の生命を得る場所、それが「蠟《ろう》人形館」です。もっとも有名なのはウィリアム四世時代に作られて今も続くマダム・タッソー蠟人形館で、その「恐怖の部屋」には有名な殺人犯とその関連品が展示されました。とりわけ下層階級の人びとは、ここで著名な殺人犯と対面して喜びました。

余談になりますが、イギリスの民衆が蠟人形館でぜひとも対面したいと思ったのは、殺人犯だけではなく、王室関係者でもありました。ですからマダム・タッソー蠟人形館には、実物大のイギリス王室の人びとが、ヘンリ八世から現代のウィリアム王子やキャサリン妃までずらりと並んでいるのに出会うことができます。

イギリスの探偵小説や推理小説の輝かしい伝統は、その後も続きます。一九世紀末にはコナン・ドイルの『シャーロック・ホームズ』シリーズ、二〇世紀前半はチェスタトンの『ブラウン神父』シリーズ、その後はアガサ・クリスティーの時代ですが、いずれにも伝統的なイギリス探偵小説の底流をなす「人間性の探究」があることが特徴です。

ヴィクトリア朝の空気の残るなかで作られたこれらの探偵・推理小説は、旧式で欺瞞《ぎまん》的で規範だらけの世を逆手に取って、性格描写や人間性の探究を深めたのです。

その彼らのいわば先生として尊敬されたのが、チャールズ・ディケンズです。彼の作品にもミステリー性があり、いたるところに謎がしかけられています。たとえば一八五三年に出版された『荒涼館』にはバケット警部が登場し、殺人事件の謎を解いていきます。ディケンズの一連の小説舞台はロンドン裏世界で、そこを探偵の目で探り描いていくことで、物質的な豊かさの裏に体裁だけ整えた貧困な精神を宿しているこの時代の偽善を容赦なく暴いているのです。

イギリス王室御用達

つぎに、生活文化の国としてのイギリスと王様との関わりを見てみましょう。

「イギリス王室御用達」と聞くと、格調高くて手が届かないといったイメージがあるかもしれません。もちろん厳しい審査を経ているという意味ではどこにでもある商品ではないのですが、ごく小さな魚屋や花屋、靴屋や帽子屋、お菓子やワイン・チーズをはじめとする食料品、石鹸《せっけん》・香水、文具など、非常に多種多様な日用品にも与えられているのが特徴です。ウェッジウッド、ハロッズ、バーバリなどの高級ブランドや、大きなコンピューター会社だけではないのです。現在では約八〇〇の企業と個人に与えられています。

またこれは王室としてまとめて付与するのではなく、王や皇太子それぞれが気に入った製品の生産者に対して御用達リストに加える旨の申し出がなされ、生産者が応じると王室御用達を示す紋章を店の入り口や商品、包装につける権利を得ることになります。なお、御用達リストは、それぞれの商品が五年ごとに見直しをされ、取り消されることもあります。一九九九年、エリザベス女王がタバコ会社ギャラハーへの認定を取り消して、話題になりました。

ロイヤル・ワラント(王室御用達認定証明書)が政治・経済に特別に大きな役割を果たしたのは、ヴィクトリア朝でした。ヴィクトリア女王時代に、ロイヤル・ワラントの力により多くの商業が守られ、経済が大いに向上したのです。というのも、女王は治世中に二〇〇〇ものロイヤル・ワラントを認定し、それらに絶大な信用を与えたからです。まさに「庶民の王」となったヴィクトリアだからこそできた芸当でしょう。

当時認定されたフォートナム・アンド・メイソン（デパート）、シュウェップス（飲料）、トワイニング（紅茶）などは今日までワラントを維持していて、他にも二〇〇年前から認定を受けている店や企業がいくつかあります。このように王が先頭に立って国の商業を守り発展させる方策はその後も一貫してイギリスでは採られ、継続しています。

イギリス王室御用達の歴史を、さらに遡ることも可能です。王によるもっとも古い認定は、一一五五年にヘンリ二世がウィーヴァーズ・カンパニーに与えたものだとされます。一五世紀になると今日のものに近いロイヤル・ワラントができ、王室の御用商人が認定を受けることになりました。最初の被認定者は、ウィリアム・キャクストンというイギリス初の印刷師で、国王の印刷業者として一四七六年に認定を受けたのです。

ちなみに、現在はエリザベス女王、エディンバラ公（フィリップ殿下）、チャールズ皇太子の三人の王族が認定する権利を有しています。

背広の誕生

王室御用達でなくとも、王のお気に入りが、貴族、ついで庶民に広まっていくことがあります。すぐに思いつくのは背広・スーツです。スーツはまさにイギリスで作られ、共通言語たる英語とともに広まって世界を席巻《せっけん》していきました。その機能性と気品は、まさにイギリス的と言えるでしょう。

ここにも王が関わっています。中世末からあった男性服の定番は、ダブレット（短胴着）とホーズ（半ズボン）でしたが、チャールズ二世がベストとブリーチズ（半ズボン）を着用することを宣言すると、それが上着と合わさってスーツの元になったのです。これは一六六六年のことで、さらにシャツとタイを加え、この組み合わせを周囲の貴族や廷臣たちが模倣してスーツが広まっていきました（図6-9）。

図6-9　チャールズ2世に見られるスーツの原型（左）と，1906年の三つボタン背広（右）

一八世紀末から一九世紀いっぱい、乗馬服スタイルがスーツとして定着し、ジェントルマンがカントリーで着ていたフロック・コートとモーニング・コートを経て、襟《えり》付きの長袖上着と筒形のズボン（ここで半ズボンが長ズボンに！）にベストなどが加わって、やや現代風になりました。上下そろいの生地での背広服の直接の起源は、一九世紀中頃のラウンジ・スーツだとされています。

背広誕生に向けてのファッションの転変に際しては、多くの王がロンドン社交界の伊達男《だておとこ》たることを誇示し、ファッションリーダーになったことも興味深い事実です。ダンディーの帝王として名をはせたジョージ・ブランメルの庇護者だったジョージ四世、ファッションに異常な関心を示したエドワード七世のほか、ジョージ五世、エドワード八世などが代表的なファッションメーカーとして紳士服に影響を与え、今日のスーツの姿を徐々に作り上げていったのです。

彼らとしては、国王の権威を維持して威厳を高めるためのファッションへのこだわりでしたが、それが奇《く》しくも貴族の、ついで知識階級や市民の標準服として採用され、着心地よい実用的な背広・スーツ愛好者を増やしていったのです。

イギリスは「女王と英語とBBC（イギリスの公共放送局）の国」と言われることがあります。王室の宣伝効果や経済効果は大きく、無視できないイギリスを代表するソフトパワーのひとつです。最近ではキャサリン妃が身につける洋服や装飾品が世界中の女性たちの話題に上り、PR効果は絶大です。王室メンバーの外国訪問は企業関係者を伴い、英国製品の売り込みや市場開拓とセットになっています。彼らは最良の広告塔「英国一のセールスマン」なのです。

イギリス王族の権威と信用力、これはイギリス国民が王と王族を敬愛しているからこそであり、その様を他国の国民がほほえましく、あるいはまぶしく眺めているからでしょう。

第7章

メディアと伴走する大衆王

ジョージ5世からエリザベス2世まで

――1910年～――

ウィンザー城でくつろぐジョージ6世一家

第一次世界大戦と労働党の台頭

エドワード七世の後は、次男がジョージ五世(在位一九一〇〜三六年)として後を継ぐことになりました。彼は病没した兄の婚約者メアリと結婚し、内助の功でずいぶん助けられたようです。皇太子時代は父王に倣って植民地の視察を熱心に行い、その移動距離は計七万二四〇〇キロメートルにもおよびました。

彼は立憲君主として、内閣に適切な助言をすることを心がけました。たとえば上院(貴族院)から立法権を奪って下院に国政の実権を握らせる議院法案に対し、上院が自分たちの利害のみを考えて内閣に抵抗したとき、拒否権の発動や新貴族叙爵の大権発動をちらつかせ、自由党のアスキス内閣を助けました。そのおかげで一九一一年、本案は上院を通過したのです。

しかし一九一四年六月、サラエボでのオーストリア皇太子夫妻の暗殺によって、第一次世界大戦が勃発します。イギリスは、フランス、ロシアなどとともに連合国としてドイツと戦いました。大変な被害とイギリス人だけでも約九〇万という人命の損失がありましたが、一九一八年、イギリス軍の戦車の投入によって、ドイツ軍を押し戻して勝利することができました。

この大戦の間、ジョージ五世は献身的に戦う姿を見せ、王妃とともに艦艇《かんてい》や輸送船、病院船ばかりか、戦地や野戦病院にも赴きました。またイギリス人の多くがドイツ系の王室を戴いていることに不快感を示していたので、その名を「サクス・コーバーグ・ゴータ王家」から、歴代の王に縁のあるウィンザー城にちなんで英国風の「ウィンザー王家」に変更しました。

戦後、イギリスの国力は弱体化し、帝国も分解の危機に瀕《ひん》しました。インド、カナダ、オーストラリアあるいはアイルランドなどで「本国」イギリスの優越的地位は自明のものではなくなり、自立運動がおきてきたのです。かつての大英帝国をまとめていた法・制度や慣行が見直され、ロンドンでの帝国会議(一九二六年)で新たに「イギリス連邦」が形成され、またウェストミンスター憲章(一九三一年)では、カナダ、オーストラリア、ニュージーランド、ニューファンドランド、南アフリカ連邦、アイルランド自由国の各自治領政府は本国と形式上対等な地位を認められるようになりました。

しかしイギリス王が自治領にとって無用になったのではなく、かえってイギリスの王冠は、イギリス連邦共通の象徴として、連帯・忠誠義務や助言・承認の権利をもつことになりました。

第一次大戦後の経済的な退潮のなかで炭坑をはじめとする旧来の産業は落ち目になり、雇い主が賃金カット・労働時間増加を画策したのに対し、労働者は大いに反発しました。政府にも幻滅した労働者たちは労働争議を繰り返し、また三〇年代にかけて一連の「飢餓行進」が不況地域からロンドンまで挙行され、失業者の窮境を知らしめました。

ストライキやデモが弾圧されても労働組合は力をつけていき、政治家たちは労働者の要求を無視できなくなるのです。一九〇六年に結党されていた労働党が躍進し、一九二四年には労働党内閣が成立します。そして遅れていた女性普通選挙権が一九二八年に実現しました。

一九二九年、世界は厳しい景気後退に陥りました。いわゆる「世界大恐慌」です。一九三〇年代にはとりわけ北部の織物と採炭のような伝統産業の落ち込みがひどく、失業者があふれました。しかしイングランド中部と南部では、車・航空機やエレクトロニクス製造なども含む、新しい産業が芽生えました。

ジョージ五世は晩年、アイルランド独立問題、ナチ・ドイツの台頭など、国内外のさまざまな問題に際会することになりました。一九三五年の即位二五周年記念式典で自分を平凡な人間だと国民に打ち明け、親しみ深い王として人気を集めましたが、その翌年に亡くなりました。

アイルランド問題の帰趨《きすう》

アイルランド自治法案が成立したのはこのジョージ五世の時代で、それがその後の同国独立（南アイルランドのみ）への足がかりとなりました。アイルランド問題は二〇世紀イギリスを騒がせ、苦悩させた大問題でした。

グラッドストーンが提出したアイルランド自治法案は、二度、上院で否決されていました。一九一二年、自由党のアスキス首相により第三次自治法案が議会に提出されたのですが、これも失敗しました。一九一四年、またも法案がイギリス議会に提出されたとき、保守党と自由党の対立の調停にジョージ五世が乗り出しました。結局、第一次世界大戦の開戦にともなう緊急的な立法によって、ようやく議会を通過したのです。

ところが大戦中、アイルランドでの共和国樹立をめざす「イースター蜂起」の失敗と首謀者の処刑、さらにアイルランドにも徴兵令が適用されようとしたことで、一気に反英感情が爆発します。そしてシン・フェイン党が台頭して、一九一九年に対英独立戦争が始まります。

イギリス政府は「アイルランド統治法」(一九二〇年)など、さまざまな法律を定めて抑えつけようとします。そして「北アイルランド」がプロテスタントの多いアルスター地方六州で構成され、一九二二年にはアイルランド自由国(後のアイルランド共和国)が南部に成立したのです。しかし北アイルランド内ではカトリック住民が政治的・経済的・社会的に差別され、北アイルランドと南アイルランドはそれぞれ特別の軍隊を組織して、虐殺し合いました。

なお、この北アイルランドでの内戦は、第二次世界大戦後もずっと続くことになります。一九六九年に南北統一のための武装組織ＩＲＡ(アイルランド共和軍)が武装闘争を大きく展開してからは、テロが頻発しました。北アイルランドの少数派たるカトリック住民は、日常的にプロテスタントの軍事組織やアルスター警察の襲撃に怯《おび》えなくてはなりませんでした。イギリス政府は一九八二年、「密告者作戦」「射殺政策」をとってＩＲＡを弾圧しました。

その後、ブレア首相がＩＲＡに再停戦をうながすとともに和平のための新提案をしましたが、諸政党の合意が得られず、反発も大きいままでした。

しかしたゆまぬ努力で、九八年四月に北アイルランド地方議会の新設や南北議会の代表で構成される「南北評議会」の創設、さらにイングランド、スコットランド、ウェールズ各議会の代表からなる「協議会」発足などを柱とする和平合意(ベルファスト合意)が成るのです。

エリザベス女王も和平のために尽力しています。二〇一二年五月には国王として、祖父ジョージ五世以来一〇〇年ぶりにアイルランドを訪問し、第一次世界大戦などでイギリス軍兵士に徴用されて戦死したアイルランド人犠牲者の記念碑その他を訪問しました。また翌月には、北アイルランドのベルファストで、ＩＲＡ元司令官のマーティン・マクギネスと面会し、握手したことも話題になりました。

両国の雪解けは進んでいるように見えますが、まだ全面解決にはいたっていません。

声を伝える国王

二〇世紀になって王権の国民に対する表れ方を大きく変えたのは、ラジオの登場です。これについては水谷三公『イギリス王室とメディア――エドワード大衆王とその時代』(文春学藝ライブラリー、二〇一五年)で詳しく扱われています。

最初にBBCがラジオ放送を開始したのが一九二二年で、イギリス家庭に普及していくのが一九三〇年代のことでした。そして一九三三年までに半数の家庭が、一九三九年までにはほぼすべての家庭がラジオを備えるにいたったのです。なおテレビ放送の開始は一九三六年でしたが、第二次世界大戦で中断、一九四六年に再開しています。

この音や声をじかに国民に届けられるラジオに自分の声を最初に乗せて大反響を巻きおこした国王が、ジョージ五世でした。王は戦間期の一九二四年四月二十三日、ロンドン郊外ウェンブリーで英帝国博覧会の開会式に臨みました。そのとき開会を告げた王の言葉がBBC放送で家庭にまで届けられ、ラジオを聴いた人たちを熱狂させたのです。当時の約四五〇〇万の人口のうち、一〇〇〇万人以上が国王の声に耳を傾けたとされます。なお閉会式には王の代わりに皇太子エドワードが出席し、その挨拶もラジオで流されました。

この効果に政府も注目して、国王の声による愛国心醸成、国民の一体化に期待しました。そして一九三二年には、BBCが帝国放送サービスを開始するのに併せて、国王のクリスマス・ラジオ出演が実現したのです。クリスマス放送はイギリス本国をはるかに超えて、インド、オーストラリア、カナダ、西アフリカなど植民地・自治領にも王の挨拶が伝えられ、ジョージ五世の気取らぬ落ち着いた話しぶりに皆感激したようです。彼はこの放送のおかげで「良き家庭人、偉大な凡人、誠実で謙虚な努力家」として大いに称讃されることになりました。

なお、国王のBBCクリスマス放送は、今日までずっと続いています。一九五七年にエリザベス女王がはじめてテレビを使ってクリスマス演説を行い、それからは王室の姿がありのまま、全国の視聴者の目に触れることがたびたびになるのです。

ジョージ五世の息子エドワードは洒落者《しゃれ》として知られ、国民にも親しまれていましたし、下層の人たちを苦しめる失業問題や住宅問題にも関心を示して、解決に力を尽くそうとしました。エドワードはラジオ放送にも非常に積極的で、皇太子時代の一九二二年から、さまざまな機会を捉えてはラジオを使って国民に語りかけ「ラジオ・プリンス」と呼ばれました。

一九三六年、彼はエドワード八世(在位一九三六年)として父の後を継ぎますが、ウォリス・シンプソンという二度の離婚歴のあるアメリカ人女性と結婚するため、わずか三二五日で退位します（いわゆる「王冠を賭《か》けた恋」）。その結婚は、国教会の首長でもある王として許されないことだったからです。彼はここでもラジオを利用しています。BBC放送で退位を宣言し「愛する女性の支えなしには国王の責務は果たせない」と率直に国民に告白したのです。

そこで弟ヨーク公が期せずして登位、ジョージ六世（在位一九三六〜五二年）となりました。エリザベス女王の父です（本章扉絵参照）。彼には言語障害があり、王になどなりたくありませんでした。一九三六年、妻エリザベス・ボウズ＝ライアンとともに戴冠しましたが、危惧したとおりスピーチで大失敗してしまいます。しかしこれを聴いていたオーストラリアの言語治療師が救いの手を差しのべ、王と二人三脚のねばり強い努力で言語障害を克服し、苦手だったスピーチも驚くほど上達しました。ラジオを通じて、ドイツに宣戦布告したのも彼でした。

その後、ラジオから語りかけるジョージ六世は圧倒的多数の国民の共感を集め、称讃されるようになりました。このジョージ六世の吃音《きつおん》とその克服の物語に関しては、二〇一〇年のイギリス映画『英国王のスピーチ』が話題になりました。

戦間期、王室が利用したのはラジオだけではなく、映画もそうでした。というよりも、映画のほうが王室を利用した、と言い換えるべきでしょう。その頃より映画館では作品上演の前や合間に放映される「ニュース映画」に王室がさかんに登場し、あらゆる階層の観客に、王や王族の様子がヴィヴィッドに伝えられるようになったのです。大衆王の誕生です。

第二次世界大戦と解体する帝国

ジョージ六世の時代は、まさに第二次世界大戦の渦中でした。彼とその家族は大戦中も避難せず、ロンドンで国民と共に戦い、激励し、「良き王」の評判をとりました。

大戦は一九三九年九月三日、ドイツのポーランド侵攻に対して英仏が宣戦布告して始まりました。戦時中はガソリン、食糧、衣服が配給制になり、必要なものにも事欠く有様で、市民生活は苦しいものでした。「勝利は掘って探す」と耕地の拡大が進められ、一九三九年に四八六万ヘクタールだった耕作地が、一九四五年には七二八万ヘクタールに増加しました。

ドイツ軍による主要都市爆撃にも、イギリスはよく耐えました。そして一九四五年五月七日、ドイツ国防軍が連合国軍に無条件降伏して大戦は終結します。しかしイギリスの被害も甚大でした。およそ四万人の市民が犠牲になり、約一〇〇万の家が破壊ないし大損壊しました。

イギリスは戦後、旧植民地諸国の住民にイギリス国籍を選ぶ権利を与えましたが、そこには労働力不足解消の狙いもありました。西インド諸島、インド、パキスタンのほか、アフリカ諸国からも大量の移民が押し寄せました。長年の移民政策により、イギリス社会の民族的多様性は目を見張るものになりました。無理に同化を求めない多文化主義ですが、これには寛容な面と、無関心・人種差別をもたらす面がありました。さまざまな人種問題が各所で発生し、その解決のため「人種問題庁」も創設されました。

図 7-1　1953 年，エリザベス 2 世の戴冠式

戦後数年間は配給制を続けざるを得ないほど物資も不足していましたが、経済状況は徐々に回復し、賃金も上がって生活は豊かになっていきました。そんな新たなイギリスの発展期の発端をなす時代、一九五三年六月二日に戴冠したのが、現在も玉座にあるエリザベス二世(在位一九五二年〜)です(図7-1)。

イギリスの戦後政治は一九五一年から一九六四年まで保守党政権が続いた後、労働党が総選挙に勝利してハロルド・ウィルソンが首相になり、彼は一九七〇年まで首相を務めました。

第二次世界大戦後、大英帝国は少しずつ解体されていきました。それに代わってできたのが、各国における完全な憲政上の平等を基礎にした自由意思の相互協力による共同体、イギリス連邦(コモンウェルス)です。その起源は、すでに第二次世界大戦前、一九三一年のウェストミンスター憲章で成立したカナダやオーストラリア、ニュージーランドなどとイギリスの連合体ですが、当初は大英帝国内の白人自治領が対象でした。

しかし第二次大戦後、大英帝国から独立していった旧植民地諸国との家族的絆を維持しようと、イギリスはコモンウェルスを拡大していきます。一九四七年、最初にインドとパキスタン、ついで一九五〇〜六〇年代にはアジアの他地域の国々およびアフリカ諸国・カリブ海の植民地が独立し、そうした旧植民地の国々がコモンウェルスの傘の下に入っていったのです。

かつて大英帝国に属していたという歴史的事実、イギリス国王に忠誠心を抱きその下にまとまっていたという事実のみが、このコモンウェルスを束ねています。EU(欧州連合)やNATO(北大西洋条約機構)と違い、契約や条約で結ばれているわけではありません。いわば王のみが公式の紐帯《ちゅうたい》として機能しているのです。皇帝を戴くひとつの帝国ではなく、別個の複数の国がそれぞれ体制はどうであれ、国王という人格において結合しているのです。

二〇一七年一月現在、五三の国々がコモンウェルスのメンバーで、うち一六は女王によって統治される君主国、六は独自の国王をいただく君主国、他の三一は共和国です。そして、世界の人口のおよそ三〇%にあたる一八億人と、世界の陸地面積のおよそ二五%を占めています。

イギリス国王が英連邦(コモンウェルス)の首長になるのですが、現首長のエリザベス女王は、英連邦の熱心な擁護者です。コモンウェルス首脳は二年に一回会議を開催して各国の最善の協力について話し合うことになっていますが、そこでの決定に強制力はありません。

たんなる大英帝国へのノスタルジー、虚栄にすぎないと批判することもできるでしょう。また、旧大英帝国がイギリス国内社会における貴族の圧倒的リーダーシップを反映して貴族的威信を備えていたのに対し、人種も宗教も多様な国々が、途上国であれ先進国であれ対等な立場で加盟している英連邦は、より平俗です。それでも、一人の敬愛すべき国王を紐帯にしたまとまりには、それらの国々同士の和合をもたらす力は残っているように思います。

福祉国家の行方

ところで、イギリスは「揺りかごから墓場まで」世界に誇る福祉国家だと言われてきました。ですが、もともと近代のイギリスでは、弱者救済は民間のボランティアの力に頼っていました。王族の慈善事業でさえ、個人的な事業とみなすことができるでしょう。一九世紀になっても国家が制度的に援助するのは最低限でした。

ところが二〇世紀に入ると、国家が前面に出てきます。まず老齢年金法が一九〇八年から、ついで国民保険法が一九一一年から始まります。そして一九〇五年に任命された「救貧法および失業救済に関する王立委員会」の推薦から直接・間接に結果した新たな公的援助・健康・福祉サービスなどもありました。しかし当初は公的な福祉と民間のそれとの区別が曖昧になっており、両者が明確に分かれて福祉国家としての姿を露《あらわ》にしたのは、第二次大戦後のことでした。

それは、一九四五年の総選挙でクレメント・アトリーが率いる労働党が勝利したことがきっかけです。彼は五一年まで首相を務め、社会福祉制度を導入するとともに、石炭、ガス、電気、運輸そしてイングランド銀行を国有化しました。四六年には国民保険制度法と国民保健サービス法が成立して、国が責任をもつ本格的な社会福祉政策が実施されるようになったのです。かくして、誰でも失業手当、疾病《しっぺい》手当、老齢年金と未亡人年金を得られる資格を得るようになりました。国民健康保険は一九四八年に導入されました。

そのアイディアが提出されたのは、第二次世界大戦中(一九四二年)のベヴァリッジ・リポートにおいてでした。作成者である経済学者ウィリアム・ベヴァリッジは、全国民に無料健康サービスと家族手当を給付し貧困と不平等をなくそう、という理想に満ちた社会保険と関連サービスのプランを考案しました。それが戦争中に受け入れられて、「福祉国家」(The Welfare State)との言葉が流通するようになっていたのです。

しかし一九六六年、国際収支の赤字と通貨ポンドの危機、翌年の平価切り下げにより、労働党政権はナショナルプランを放棄せざるをえず、あらゆる政党の政治家たちは、より良い社会福祉サービスには経済成長が不可欠だと言うようになります。一九七三年のオイルショック以後、世界の経済が一層混乱・停滞すると、これまで通りの福祉政策はできなくなりました。

こうして「すべての者が平等に、病院の治療費や入院費、検診が無料で、託児所も無料同然、公立学校も教科書も無料、子ども手当が一人ずつ支給され、失業手当も充実している」という夢のような社会福祉は継続できず、外国人への適用除外や歯科医療費の有料化など、後退を余儀なくされています。一九七〇年代末までにベヴァリッジの普遍主義は半ば看板倒れになり、一九八〇年代には再び民営化が推進され、地方自治体の責任は軽減されていきました。

それでも、イギリスが福祉先進国であることに変わりありません。「健康は誰にとっても無料」という理想は、ずっと追い続けられているのです。一九四八年、健康大臣のアナイリン・ベヴァンが「ナショナル・ヘルス・サービス」(NHS)というシステムを作り、この名は現在でもメディアに頻出しますし、人びとの日々のおしゃべりにも出てきます。

このシステムにより、国民皆がかかりつけ医をもち、その医者がより大きな病院の専門医に病人を送る、という医療の強大な中央集権システムができ上がりました。民営化を多くの分野で進めたサッチャー政権でさえ、NHSには触れることができなかったそうです。イギリス人にとってこのシステムは国の誇りであり、連帯の印、文明の象徴だったからです。

しかし近年、この「国民が最低限の尊厳を保てる生活を皆で保障する」という連帯の理想も変質してきているようです。「金持ちの税金逃れよりも貧乏人の手当受給不正が許せない」という人も多くなっているようで、失業手当や疾病手当をもらっている人や、ハンディキャップのある人に対しても冷たくなってきたといいます。現在の日本にも共通することですが、この歪《ゆが》んだ心理は、貧富の格差が増大したことが根本的な原因でしょう。

鉄の女の挑戦とその後

こうした貧富の格差と貧者差別の風潮を決定的にしたとされるのは、一九八〇年代のサッチャー政権の時代でした。彼女がイギリスで女性初の首相に就任したのが一九七九年で、一九九〇年まで長期にわたってイギリス政治を率いていきました。

サッチャーが首相に就くすぐ前のイギリスでは、産業が衰弱して失業者も増加しました。一九七五年の春までには失業者は一〇〇万人にまで増え、それは労働人口の五％以上にのぼりました。一方、一九七八年にインフレを抑えるべく、政府は労働組合に賃金上昇を五％以内に抑えるよう説得しました。しかし説得は失敗し、イギリス中がストライキの波に襲われました。

労働党政府は人気を落とし、一九七九年には保守党が総選挙に勝利してマーガレット・サッチャーが首相になったのです。

サッチャーは新自由主義ないし新保守主義的な政策を採用し、規制緩和および水道・電気・ガス・鉄道・航空・通信の民営化によりイギリス経済の立て直しを図ろうとしますが、一九八〇〜八二年は厳しい景気後退で失業が急増、批判を浴びます。ところが一九八二年四〜六月、フォークランド島をめぐる紛争でアルゼンチンに勝利すると人気を盛り返しました。その後、景気が回復し始め、失業やインフレも抑制されました。労働組合との最終決戦は一九八四〜八五年、炭坑などのストライキが相次いだものの、政府はなんとかこれをしのぎました。

サッチャー時代の後半、あらゆる財政サービスが自由化されて同業組合の保護は消え、競争社会になりました。最初は銀行の多くが国際競争に飲み込まれて苦労しましたが、そのおかげで二〇年後にはロンドンのシティがアメリカのウォール街とならぶ金融センターになりえたのも事実です。

サッチャーは社会的流動性をより大きくしようとし、「誰でも努力と能力があれば金持ちになれる」との夢を国民に与えました。実際に成金も増えたのですが、貧富の差はどんどん開いていきました。彼女は、生活保護費や教育予算のカット、金融・ビジネスを円滑にして産業を立て直すことこそが国家強化の道、と信じていたようです。こうして、かつての古き良きイギリス人の道徳意識は失われていきました。

しかし「鉄の女」と呼ばれたサッチャーの改革を経てさえも、イギリス人の九割近くが「今日もなおイギリスには社会階級システムが存在している」と主張しています。また、最近では財力に基づく階級が云々され、義務を伴う貴族性(noblesse oblige)の意識はなくなってきているようです。しかも所得格差は拡大し、非常に貧しい者たちも増えてしまいました。

一九九〇年のサッチャー辞任後は、ジョン・メージャーが首相になり政権を担います。彼は「階級なき社会」を掲げ、ふつうの人たちが皆、相互により良くなろうと呼びかけました。が、人気は芳しくなく、一九九七年には労働党がついに勝利し、四四歳のトニー・ブレアが若き首相になります。ブレアは「ニュー・ブリテン」として地方分権、欧州への接近、上院改革を掲げました。そして上院の多数を占める世襲貴族議員を制限し、イギリス最高裁判所を上院から分離させるなど、古いイギリスの統治システム改革に着手しました。

彼は、イギリスを自信に満ちた多人種・多文化国家として国内外に打ち出そうとしました。弁舌さわやかで実行力もあるブレアは支持率が高かったのですが、アフガニスタン紛争およびイラク戦争への派兵(対テロ戦争)を推進したことで、支持率は低下していきました。

また、ブレアの伝統を覆《くつがえ》す改革精神は保守的なイギリス王室との確執を招き、エリザベス女王とブレアの対立する場面が何度もあったようです。

開かれた王室への努力

すでに述べてきたように、二〇世紀以降のイギリス王室は大衆にどう思われるかに敏感になり、そうした世論を無視しては高い権威を十分維持できなくなりました。かつてのように貴族たちの支持だけではだめで、広く国民に姿を見せ、考えを示し、そして納得してもらうことが、敬意を集める方途になったのです。だから、機会を捉えて国民と親しく会話したり、ロンドン市内を気軽に散歩したりする王が登場するようになったのです。

長い治世を誇るエリザベス女王も、世論にはとても敏感です。一九五三年に挙行された彼女の戴冠式は、塗油《とゆ》など一部の儀式をのぞいてテレビ中継されました。彼女は、臨席するイベントで、威信と親しみやすさをともに表すよう言動に細心の注意を払っています。一九六九年にはBBCのカメラが七五日間も女王と家族が暮らすバッキンガム宮殿やスコットランドの避暑地に入り、王室の家族団欒が音声入りでイギリス中のお茶の間にまで届けられました。

最近では二〇一二年のロンドンオリンピック開会式用のショートフィルムに自ら出演して自

室の撮影を許し、さらに「007とともにヘリコプターからパラシュートで降りてくる」という演出までしています。また女王は、パブを訪れてビールを飲む姿を国民に見せたり、マクドナルドを訪れたり、地方巡回も積極的に行っています。

皇太子のチャールズはより気さくにふるまい、二〇一二年のBBC六〇周年記念にはお天気キャスターに扮して出演し、専門家はだしの天気予報をして国民を喜ばせました。そして、工場労働者や女性警官と食卓を共にし、気軽に話をする庶民派ぶりを示したりもしています。地方の記念行事にも積極的に出かけ、人びとの話に親身になって耳を傾けています。とくに大都市のスラム街にも入り込み、貧しい労働者たちに共感に満ちた言葉をかける様は、現代の「福祉王政」の姿を映し出しています。

そして王室関係者がこうした「国民に開かれた王室」を一層心がけるようになった機縁が、「はじめに」で取り上げたダイアナ元妃の事故死です。ダイアナは地雷撲滅《じらいぼくめつ》や児童福祉などチャリティーにひときわ熱心でした。HIV(エイズ)が「触っただけでうつる」と誤解されていた時代に患者と握手している彼女の写真が公開されたことは、世界のHIVへの意識を大きく変えたといわれています。チャールズとの離婚後も、ダイアナへの国民の敬愛は絶大でした。

王室が存続するためには国民の支持が必要、そのためには王室が変わらなければならない、と痛感したのでしょう。「国民に寄り添う王室」を示し、自ら発信しようと、ソーシャルメディアも積極的に活用しています。イギリス王室のホームページ、Facebookアカウント、公式YouTubeチャンネルまであります。

しかし、こうした開かれた王室を続けていくのは、他人のプライヴァシーを覗《のぞ》き見し、陰口を言うのが大好きな大衆たち、それをあおり立てる大衆紙・タブロイド紙・パパラッチの貪欲《どんよく》な好奇心の餌食《えじき》になってしまうのと背中合わせです。男女関係はもとより、家庭生活の内情や医者にかかったことまで暴露されてしまうのです。

現代の王や王族は、普通の良き家庭人であることを示しつつ、貴族性・神秘性もどこかにとどめていないとならないのですから、大変難しい時代になったものです。

スコットランド独立運動とEU離脱の衝撃

現在、王室だけでなく、イギリスそのものも大きく変わりつつあると多くの人が感じているのではないでしょうか。第二次世界大戦後、大英帝国は消え去りました。国力は、ドイツにつぎフランスと同程度の経済、人口は世界で二一番目、もちろん先進国ではありますが、中規模国と言ってもよいでしょう。さらに「グレートブリテン及び北アイルランド連合王国」としての統一性さえも、危機にさらされています。

一九九七年、ブレアの労働党内閣はスコットランドとウェールズで地方分権についての住民投票を行い、両方とも分権化への賛同を得ました。そして税や法律を決められるスコットランド議会が一九九九年にエディンバラのスコットランド教会大会堂に復活し、ウェールズでも国民議会が開設しました。

北アイルランドにも、一九九八年のベルファスト合意によって議会が再建されました。ウェールズは一五三六年、スコットランドは一七〇七年にイングランドに合併されて議会もグレートブリテン議会にまとめられたので、それとは逆の動き、遠心力が働いているようです。

そして二〇一四年九月のスコットランド独立をめぐる国民投票では、三世紀以上続いたグレートブリテンの国民国家の姿が大きく変わる可能性があったのですが、賛成四四・七％、反対五五・三％で否決されました。しかし、独立を目指す火種はくすぶり続けています。

もうひとつの大問題は、イギリスとＥＵの関係です。イギリスがＥＵの前身のＥＣに加盟したのは一九七三年で、七五年の国民投票で六七％の賛成を得ました。

しかしこれはイギリスが大陸ヨーロッパと一体化したいと本心から思っていたというよりも、経済的利益を優先した、功利主義的な考え方からでした。それを示すのは、サッチャー首相が言ったとされる「私は私のお金を返して欲しい」という言葉です。また、イギリスはＥＵの共通通貨ユーロを使いませんでした。イギリス通貨ポンドは国のアイデンティティのひとつですし、女王陛下の姿のない紙幣は「お金ではない」と多くの人が感じたのです。

景気低迷や失業増加、その他の社会問題がおこるとメディアが競ってＥＵのせいにし、それに大衆が共鳴する傾向があるのも、イギリス人がヨーロッパ（大陸）と距離をおきたい、一体化したくないと、長い歴史を通じて感じてきたからでしょう。一九世紀半ばの首相パーマストン卿は「我々には恒久的な味方（同盟国）もいなければ、恒久的な敵（敵対国）もいない。我々の利益は永遠にして恒久的であり、それを追求するのがわれわれの義務である」と述べたそうですが、イギリスの政治家たちは、口に出すかどうかは別として、多くはそのように思っているのではないでしょうか。

しかしもはや、イギリス経済が発展するには、開かれた経済で外国人や外国企業を積極的に受け入れつづけるしかないでしょう。もともと移民には寛容で、とりわけ第二次世界大戦後は、旧植民地をはじめ多くの地域から移民を受け入れていました。イギリス人というのは、人種や民族ではなく「王冠の下に集う者」だったのです。

ところが最近では失業問題や貧困問題の原因をＥＵ内の移民におしつける議論が横行し、二〇一六年六月の国民投票では、僅差《きんさ》ながらEU離脱派が勝利したのです。今後、イギリスとヨーロッパ(EU)との関係がどうなっていくのか、予断を許しませんが、バラ色の未来というわけにはなかなかいかないように思います。

二〇一六年、国民投票の数週間前にエリザベス女王が晩餐《ばんさん》会での会話で「イギリスが欧州の一部にならねばならない理由を三つ示してください」と発言したとタブロイド紙で伝えられ、女王はEU離脱を望んでいるのではとの憶測を呼びました。バッキンガム宮殿は「女王は政治的には中立でどちらかに荷担することはない」と抗議したそうですが、この騒ぎも、EU離脱のような国運を左右する問題を女王がどう考えているのか知りたい、と願う国民の期待を示すものなのでしょう。

イギリスの政治制度と王様の役割

アングロ・サクソン時代から現代まで、王様を中心にイギリスの歴史をたどってきました。私は、イギリス王は一〇〇〇年以上にわたる歴史のなかで、一貫した役割を果たしてきたと思います。それは第一に立憲君主制、ひいては議会制民主主義形成の一方の担い手(他方は議会)であったということです。ここで、それぞれの時代における達成をまとめてみましょう。

まず、アングロ・サクソン時代には、まだ議会らしい議会はないのですが、地方豪族たちが賢人会議(ヴィータン)を構成し、そこには早くも王権を制限する機制がありました。

ノルマン朝からプランタジネット朝にかけては、陪審《ばいしん》制が開始されるとともに、地方ごとに異なっていた法慣習が統一されていき、判例主義と全国に共通するコモン・ローの整備につながっていきました。一二一五年の「マグナ・カルタ」や一三世紀後半~一四世紀の一連のパーラメント(議会)では、王も法の支配に服すべきとされ、課税や法律の施行・廃止には議会の承認を要するようになって、代議制が本格的に始動しました。

テューダー朝時代、とくにヘンリ八世とエリザベス一世の時代には、「宗教改革」によってイギリスはローマ教皇庁から独立し、王を首長とする国教会ができました。議会と王権との支え合いの関係が強化され、また貴族勢力の退潮により庶民院が貴族院以上に立法機能や懸案解決能力をもつようになりました。

スチュアート朝時代は、王権神授説を奉じて絶対主義君主としてふるまおうとした王たちが、革命で退場していきました。マグナ・カルタの精神を引き継ぐ「権利の請願」や、「名誉革命」後の「権利宣言」と「権利の章典」の結果、王は軍事・財政において議会に従属し、また王には法律の停止権がなく内政は議会に任せる、という「君臨すれども統治せず」の立憲君主制の伝統が打ち立てられました。議会は制度化されて「議会君主制」ができ上がっていきました。

続くハノーヴァー朝時代には政治は大臣に任せられるようになり、政党政治が本格化していくとともに、責任内閣制が緒《しょ》に就きました。ヴィクトリア女王時代には、王の政治権力の減退とは裏腹に君主制が社会における道徳的な力となり、国民統合のシンボルとして王の権威が高まります（道徳君主制）。さらに拡大する栄光に満ちた帝国と結ばれた「帝国君主制」が虚飾のヒエラルキーを植民地に移植していった時代、本国では本格的に立憲君主制が成立します。ついで現在まで続くウィンザー朝になると、初期のジョージ五世とジョージ六世の時代に、イギリス民衆の理想的家庭観を反映した「家族的君主制」が姿を見せるようになりました。

このように王と王室は歴史の過程で大きく性格を変えていきましたが、その努力の結果、イギリスでは螺旋《らせん》階段を上るように着実に、民主的な立憲君主制が実現していきました。一〇〇〇年以上にわたって、国内の政治もイギリス帝国の事業も、いずれも国王陛下がしっかり統合していたのであり、王様がいるからこそ正統性と継続性を確保できたのです。

ですから、イギリスで千数百年かけて作り上げられてきた立憲君主制とは、専制でないのはもとより保守主義でさえもなく、むしろ統治の正統性を政治的立場の争いの彼方で確保する装置というべきなのです。だからこそ、王は国民全体を代表する存在になりえたのです。

ウォルター・バジョットという一九世紀の政治評論家は「イギリスのような国には、議会や内閣、政党政治のような機能する部分と、国王と関連する威厳・神聖性をもった部分の両方からなる統治機構が望ましい。また、君主制は広く多くの者の感情に訴えるために強固であり、共和制は理性に訴えるために弱体だ」といった意味のことを述べています。歴史をたどってきた私たちにも、なるほどと、納得できますね。

イギリス国民の代表としての王様

以上、イギリスの王様は長い歴史のなかで、政治的・制度的に国民を代表する存在であり続けたことは、ご理解いただけたと思います。

もうひとつ、イギリス王は貴族階級の随一の存在として、彼らの価値観や行動様式を代表しており、それがイギリス中に行き渡る習俗や心性の源流になっていったということも押さえておきましょう。これはとくに革命後から一九世紀にかけて明確化し、現在まで続く「イギリス人」の国民性を形成していった要素です。ただ、第5章と第6章で紹介したので繰り返しませんが、こうした国民性も、グローバル化の進展のなかで薄まっているようにも思えます。

ところで、現在のエリザベス二世の時代には、社会の世俗化、多宗教化などにより、従来、王政を支えてきた英国国教会の至上支配者としての役割が弱体化しました。そして大英帝国の長としての輝かしい権威も失われていきました。植民地がつぎつぎ独立し、もはやインド皇帝でもイギリス海外領土の統治者でもないエリザベス女王は、コモンウェルスの長になり、イギリスにゆかりのあるさまざまな政体の諸国家によるゆるやかな結合体の象徴であり、そのことが王権の権威を高めるということはほとんどありません。そこで頼らねばならないのが、世論ということになります。王室は、その神秘性を犠牲にしても、マスコミを通じてその姿を見せ、考えを示す必要に迫られるようになりました。「大衆君主制」ということでしょうか。

現在、チャールズ皇太子に顕著なのは、慈善・慈愛の仕事を王室の一番の責務としてさまざまな形で行い(福祉君主制)、それにより、多様な慈善・福祉活動グループと連帯し、社会から排除された人びと、虐《しいた》げられ苦難を感じている人びと(失業者、障害者、文化的少数集団)などに光を当てて、彼らの社会的需要を浮かび上がらせていることです。

彼は、政府や産業エリートらに無視されている、政治的に代表されていない者たちの声を吸い取ろうとして威信を高めています。イギリス国王は国教会の長にしてその信仰の擁護者なのですが、チャールズは時代の変化に即応して、あらゆる宗派・宗教の擁護者になりたいとの意志を表明していることも、注目されます。

さらにもうひとつ、チャールズ皇太子は、自然環境保護、有機農業の提唱者としても知られています。一九八九年には、彼は「自分の領地では今後、有機農業を推進する」と宣言しました。そして生態系保護、有機農業を自分自身が行うべく、領地(ダッチー)の一部のハイグローヴの農場を、長年かけてすべて有機農場に変えたのです。ここの作物を素材に作られる自然で品質の良い有機ブランド「ダッチーオリジナルズ」は、食品およびヘア・ボディケアシリーズの商品で、今やイギリスを代表するものになりました。自然・環境と宥和《ゆうわ》した「エコロジー君主制」の旗手となっています。

現代イギリスの憲法学者ヴァーノン・ボグダナーは「君主制というのは、いつでも社会的基盤に依存してしか存立できない。だからそれに適応して、そのあり方、立場を転身させていきながら、国と国民をまとめていかなければならない、君主制とはつまるところ本質的に想像力の制度である」といった趣旨を述べています。

イギリスがEU脱退を決めた今、これまでにない、豊かな想像力が求められています。

あとがき

イギリス史を自分なりにたどってみたい、という思いが募ってきたのは、じつを言えば最近のことだ。大学院生時代、恩師のお一人は「イギリスというのはヨーロッパじゃないんだ」「イギリス史の研究者たちがもうちょっとおもしろい研究をしてくれないと、勉強する気にならないな」とおっしゃった。私はその二つの言葉を至極もっともだと肝に銘じ、フランスとドイツを中心にヨーロッパ中世文化・社会の研究を進め、ついでイタリアへとのめりこんでいった。

ところが近年、ノーマン・デイヴィス(別宮貞徳訳)『アイルズ――西の島の歴史』(共同通信社、二〇〇六年)のような大著や、画期的通史『オックスフォード　ブリテン諸島の歴史』(全一一巻、日本語版監修鶴島博和、慶應義塾大学出版会、二〇〇九～一五年)の翻訳が出され、イギリス史の視界が一段と開けてきたうえに、BBCの秀逸なテレビドラマに個人的に夢中になり、イギリスとその歴史のことがひどく気になってきた。そして勉強を始めてみると「おもしろい研究」もたくさんあることが分ってきた。

そもそも日本では、昔からイギリス史の研究者の数が多く、研究の蓄積もきわめて厚いので優れた業績がたくさんあるのは当然であろう。ただ「イギリスはヨーロッパじゃない」というもうひとつの長年の思い込みについては、イギリス人自身がずっとそう考え(たがっ)てきたことが明らかになり、若き日に肝に銘じた言葉が覆るまでにはいたっていない。

王様でイギリス史をたどってみようと思い立ったものの、イギリス王室や国王について書かれた歴史書はすでに多数あり、それらの構成をまねしてもしかたがない。私としては、王様の歴史をたどることが、とりもなおさずイギリスという国の制度のあり方、そしてイギリス人の心性をあぶり出すものになるように、知恵を絞ったつもりである。

本書執筆にあたって参照した英語、フランス語、日本語の先行研究は数多いが、とくに主要な日本語の文献のみ以下に挙げておく。

・デイヴィッド・キャナダイン(平田雅博・細川道久訳)『虚飾の帝国――オリエンタリズムからオーナメンタリズムへ』日本経済評論社、二〇〇四年

・リンダ・コリー(川北稔監訳)『イギリス国民の誕生』名古屋大学出版会、二〇〇〇年

・キース・トマス(川北稔訳)『生き甲斐の社会史――近世イギリス人の心性』昭和堂、二〇一二年

・ヴァーノン・ボグダナー(小室輝久・笹川隆太郎・R・ハルバーシュタット訳)『英国の立憲君主

政』木鐸社、二〇〇三年
・アラン・マクファーレン、アイリス・マクファーレン(鈴木実佳訳)『茶の帝国――アッサムと日本から歴史の謎を解く』知泉書館、二〇〇七年
・ハリエット・リトヴォ(三好みゆき訳)『階級としての動物――ヴィクトリア時代の英国人と動物たち』国文社、二〇〇一年
・ルーシー・ワースリー(中島俊郎・玉井史絵訳)『イギリス風殺人事件の愉しみ方』NTT出版、二〇一五年
・井野瀬久美惠『女たちの大英帝国』講談社現代新書、一九九八年
・上野美子『ロビン・フッド物語』岩波新書、一九九八年
・金澤周作『チャリティとイギリス近代』京都大学学術出版会、二〇〇八年
・君塚直隆『物語イギリスの歴史』(上・下)中公新書、二〇一五年
・小林章夫・齊藤貴子『諷刺画で読む十八世紀イギリス――ホガースとその時代』朝日新聞出版、二〇一一年
・櫻井正一郎『女王陛下は海賊だった――私掠で戦ったイギリス』ミネルヴァ書房、二〇一二年
・白幡洋三郎『プラントハンター――ヨーロッパの植物熱と日本』講談社選書メチエ、一九九四年

・平田雅博『英語の帝国――ある島国の言語の1500年史』講談社選書メチエ、二〇一六年

岩波書店ジュニア新書編集部の塩田春香さんには、前著『森と山と川でたどるドイツ史』と同様、文章表現やトピックスの配置、字数調整などの工夫につき、大いに助けていただいた。また慶應義塾大学文学部准教授の赤江雄一氏は、完成原稿を通読して、専門家としての立場から事実誤認や不適切な箇所を多く指摘して下さった。お二人の協力あってこそ、本書は無事出版に漕《こ》ぎ着けられた。篤くお礼申し上げたい。

千数百年にわたって時代の変化に即応して性格を変え、イギリスとイギリス人を代表してきた王様たち。王室廃止を予言する人もいるが、王室が消えてしまえば、日本人が憧れている数々のイギリス(人)の特長・美質も雲散霧消してしまうのではないか、と密かに心配している。

本書を書き上げた今、斜に構えて皮肉な視線で――フランス人のように――イギリス史を見始めた当初とはうって替わり、食事など燃料と心得て「Home! Sweet Home!」と口ずさむイギリス人の気持ちに寄り添っている自分に、とても驚いている。頑張れイギリス!

二〇一七年一月

池上俊一

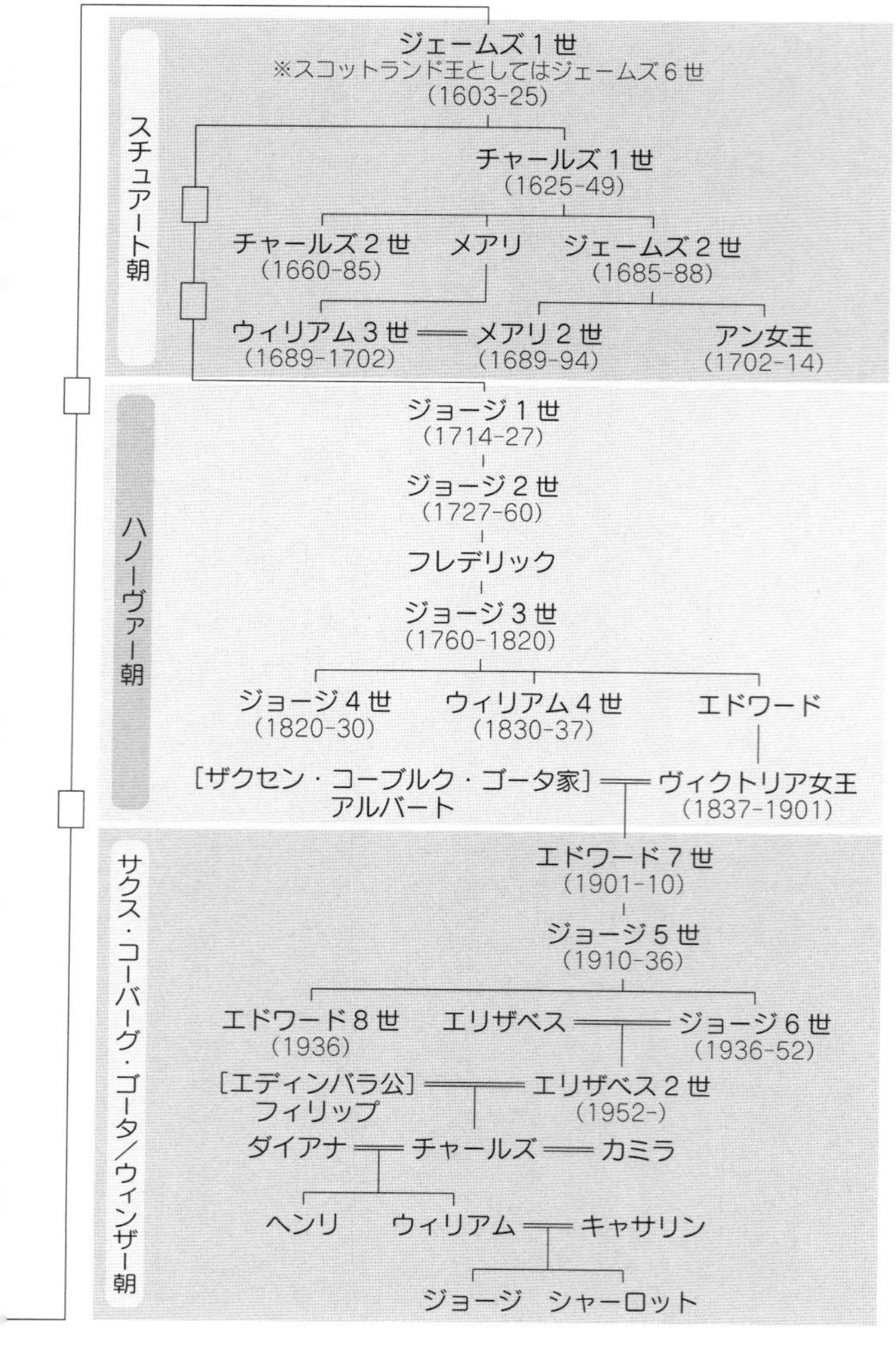
スチュアート朝
ジェームズ1世
※スコットランド王としてはジェームズ6世
(1603-25)
チャールズ1世
(1625-49)
チャールズ2世
(1660-85)
メアリ
ジェームズ2世
(1685-88)
ウィリアム3世
(1689-1702)
メアリ2世
(1689-94)
アン女王
(1702-14)
ハノーヴァー朝
ジョージ1世
(1714-27)
ジョージ2世
(1727-60)
フレデリック
ジョージ3世
(1760-1820)
ジョージ4世
(1820-30)
ウィリアム4世
(1830-37)
エドワード
[ザクセン・コーブルク・ゴータ家]
アルバート
ヴィクトリア女王
(1837-1901)
サクス・コーバーグ・ゴータ/ウィンザー朝
エドワード7世
(1901-10)
ジョージ5世
(1910-36)
エドワード8世
(1936)
エリザベス
ジョージ6世
(1936-52)
[エディンバラ公]
フィリップ
エリザベス2世
(1952-)
ダイアナ
チャールズ
カミラ
ヘンリ
ウィリアム
キャサリン
ジョージ
シャーロット

イギリス王室の家系図

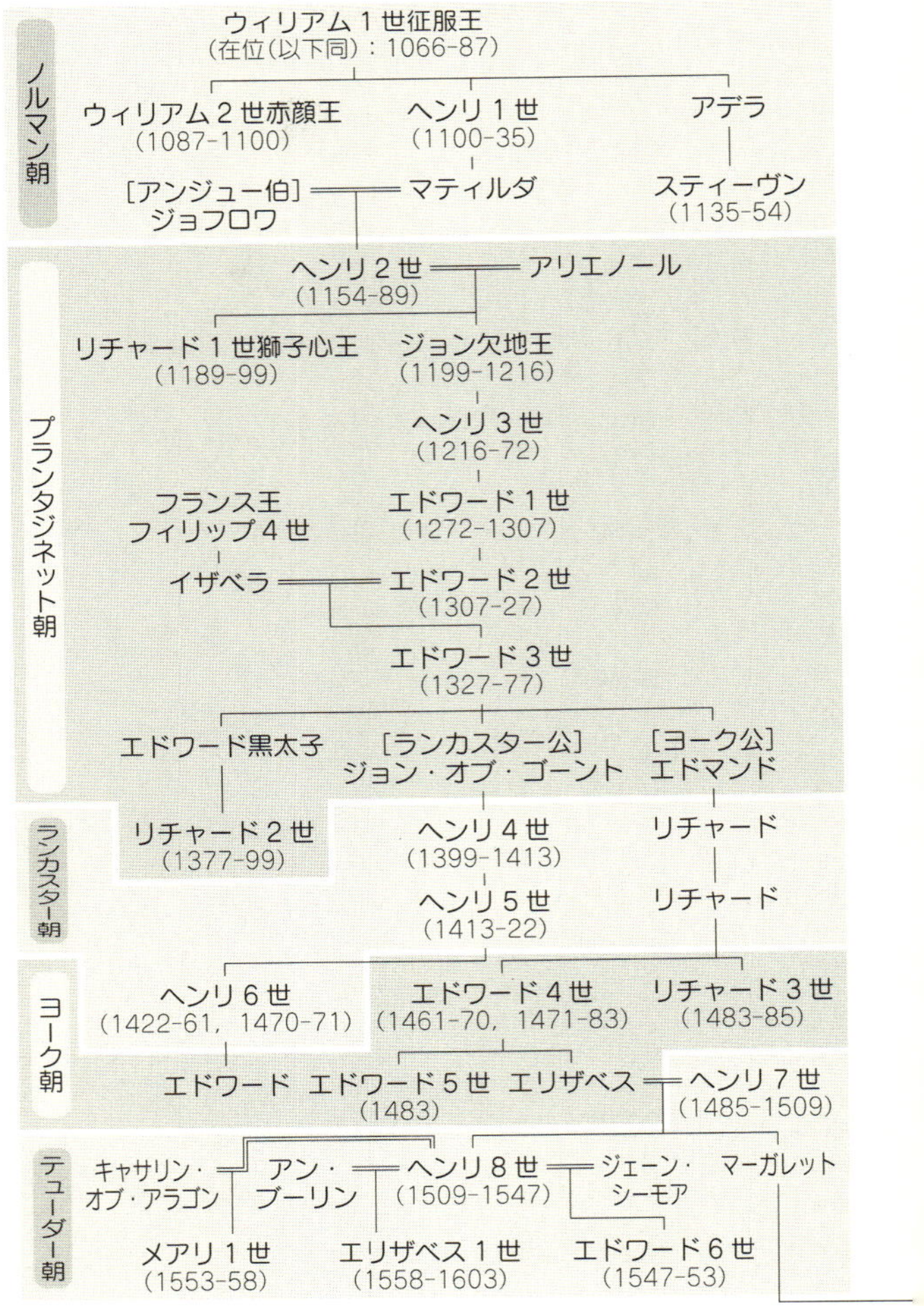
ノルマン朝
ウィリアム1世征服王
(在位(以下同):1066-87)
ウィリアム2世赤顔王
(1087-1100)
ヘンリ1世
(1100-35)
アデラ
[アンジュー伯]
ジョフロワ
マティルダ
スティーヴン
(1135-54)
プランタジネット朝
ヘンリ2世
(1154-89)
アリエノール
リチャード1世獅子心王
(1189-99)
ジョン欠地王
(1199-1216)
ヘンリ3世
(1216-72)
フランス王
フィリップ4世
エドワード1世
(1272-1307)
イザベラ
エドワード2世
(1307-27)
エドワード3世
(1327-77)
エドワード黒太子
[ランカスター公]
ジョン・オブ・ゴーント
[ヨーク公]
エドマンド
ランカスター朝
リチャード2世
(1377-99)
ヘンリ4世
(1399-1413)
リチャード
ヘンリ5世
(1413-22)
リチャード
ヨーク朝
ヘンリ6世
(1422-61, 1470-71)
エドワード4世
(1461-70, 1471-83)
リチャード3世
(1483-85)
エドワード
エドワード5世
(1483)
エリザベス
ヘンリ7世
(1485-1509)
テューダー朝
キャサリン・
オブ・アラゴン
アン・
ブーリン
ヘンリ8世
(1509-1547)
ジェーン・
シーモア
マーガレット
メアリ1世
(1553-58)
エリザベス1世
(1558-1603)
エドワード6世
(1547-53)

1825　ストックトン＝ダーリントン間の鉄道開通
1829　カトリック解放令成立
1832　第一次選挙法改正
1833　工場法制定
1837　ヴィクトリア女王即位．大英帝国の繁栄
1838　人民憲章発表．以後20年ほどチャーティスト運動が行われる
1851　ロンドン万国博覧会開催
1857　インドでセポイの大反乱（翌年，直轄領化）
1867　第二次選挙法改正
1871　労働組合法成立
1877　ヴィクトリア女王，「インド皇帝」に推戴される
1899　（第二次）ボーア戦争（〜1902）

サクス・コーバーグ・ゴータ朝（1901〜1917）

1906　労働党成立
1914　第一次世界大戦勃発（〜18）

ウィンザー朝（1917〜）

1922　アイルランド自由国（後のアイルランド共和国）成立
1931　ウェストミンスター憲章（英連邦成立）
1932　ジョージ5世，クリスマス・ラジオ放送を始める
1939　第二次世界大戦勃発（〜45）．大英帝国解体へ
1942　ベヴァリッジ・リポート，「福祉国家」の構想を呈示
1947　インド，パキスタンがイギリスから独立
1960代　アフリカ諸国，イギリスから独立
1969　北アイルランドに暴動頻発（北アイルランド紛争）
1973　イギリス，ＥＣに加盟
1979　サッチャー保守党党首，イギリス最初の女性首相に（〜90）
1982　フォークランド紛争発生
1993　マーストリヒト条約（ヨーロッパ連合条約）を批准
1997　労働党ブレア内閣誕生．香港の主権を中国に返還．ダイアナ元皇太子妃がパリで交通事故死
1999　北アイルランド自治政府発足．ウェールズとスコットランドで地方議会が設立
2005　狩猟禁止法（キツネ狩り禁止法）が施行
2011　ウィリアム王子がキャサリン・ミドルトンと結婚
2016　国民投票でEU離脱決定

テューダー朝(1485〜1603)

1487 星室庁の設置
1534 ヘンリ8世，国王至上法を発布し英国国教会成立
1558〜1603 エリザベス1世の治世．ルネサンス文化栄える
1559 国王至上法，礼拝統一法再制定
1587 スコットランド女王メアリ処刑される
1588 スペイン無敵艦隊をフランシス・ドレイク卿が撃破
1592〜1611頃 劇作家シェークスピア活躍
1600 東インド会社設立
1601 救貧法制定

スチュアート朝(1603〜1714)

1628「権利の請願」が議会に提出される
1640 短期議会，続いて長期議会(〜53)の召集．ピューリタン革命勃発(〜1660)
1649 チャールズ1世が処刑される．王制を廃し共和制へ
1651 航海条令成立
1653 クロムウェル，護国卿に就任
1660 王政復古でチャールズ2世即位
1666 ロンドン大火．市街の80%が焼失
1673 審査法成立
1688〜89 名誉革命でオランダからやって来たウィリアム3世とメアリ2世が戴冠．「権利の章典」発布
1689〜1815 イギリス・フランスの植民地戦争(第二次英仏百年戦争)
1707 イングランド，スコットランドを合併

ハノーヴァー朝(1714〜1901)

1720 南海泡沫事件
1721〜42 ウォルポール，初代首相になり議院内閣制の発達
1760〜1820 ジョージ3世の治世．「福祉君主制」が姿を現す
1733〜1830代 機械の発明・改良が相次ぎ，産業革命がすすむ
1776 アメリカ13州の独立
1800 合同法が制定され，翌年「グレートブリテン及びアイルランド連合王国」成立
1811 ラダイト運動始まる
1815 ウェリントン，ワーテルローの戦いでナポレオン軍を破る．穀物法制定(〜46)

イギリス史年表

前 7〜1 世紀頃　ケルト人，ブリテン島に渡来し部族単位で定住

ローマ時代(BC55〜410)

前 55／54　カエサルのブリタニア侵攻

43　ローマ皇帝クラウディウスがブリタニアに侵攻．ローマ属州となる

122〜132　皇帝ハドリアヌスがニューカッスル＝ボウネス間に壁を築く

410　ローマ軍ブリタニアから撤退

アングロ・サクソン時代(410〜1066)

5〜6 世紀　アングロ・サクソン諸族，ブリタニア侵攻

597　ローマ教皇に派遣されたアウグスティヌスが布教開始

6〜7 世紀　七王国(ヘプターキー)の争い．覇者がつぎつぎ入れ替わる

642〜670　オスウィ王の治世．ノーサンブリア王国が覇権を握る

757〜796　オッファ王の治世．マーシア王国が支配的地位を占める

8〜9 世紀　デーン人(ヴァイキング)の侵攻

886　アルフレッド大王とデーン王ガスルムとの協定．デーンロウ地方の誕生

1015〜16　クヌート王がイングランドに攻め入り即位

ノルマン朝(1066〜1154)

1066　ヘイスティングスの戦い(ノルマン・コンクェスト)でハロルドを破り，ウィリアム 1 世として即位

1086　ドゥームズデイ・ブック編纂

プランタジネット朝(1154〜1399)

1154　ヘンリ 2 世の即位

1171〜72　ヘンリ 2 世によるアイルランド征服

1215　ジョン王，マグナ・カルタを認める

1258　シモン・ド・モンフォールらオックスフォード条款で改革要求

1276〜77　エドワード 1 世「ロイヤル・タッチ」で病人を癒す

1296〜1328　スコットランド第 1 次独立戦争

1337〜1453　英仏百年戦争

1348〜50　ペスト流行

1381　ワット・タイラーの農民一揆がおこる

ランカスター／ヨーク朝(1399〜1485)

1455〜1485　薔薇戦争

池上俊一
1956年，愛知県生まれ．東京大学大学院総合文化研究科教授．専門は西洋中世・ルネサンス史．
父親(現代中国政治研究者)の仕事柄，中国漬けだった幼少時代の家庭への反動でヨーロッパ史に興味をもち，フランスとドイツの中世文化史・宗教史を研究．旅行で訪れたイタリアで気の良い人々と美味しい料理に魅了されてイタリア研究にのめりこみ，岩波ジュニア新書『パスタでたどるイタリア史』を執筆，課題図書に．その後『お菓子でたどるフランス史』『森と山と川でたどるドイツ史』と続き，本書は4作目．その国を象徴するもので歴史をたどる人気シリーズとなっている．
その他，主な著書に『ロマネスク世界論』『ヨーロッパ中世の宗教運動』『公共善の彼方に　後期中世シエナの社会』(いずれも名古屋大学出版会)，『身体の中世』(ちくま学芸文庫)など多数．

王様でたどるイギリス史　　岩波ジュニア新書 847

2017年2月21日　第1刷発行
2022年10月5日　第7刷発行

著　者　池上俊一《いけがみしゅんいち》

発行者　坂本政謙

発行所　株式会社 岩波書店
〒101-8002 東京都千代田区一ツ橋2-5-5
案内 03-5210-4000　営業部 03-5210-4111
ジュニア新書編集部 03-5210-4065
https://www.iwanami.co.jp/

印刷製本・法令印刷　カバー・精興社

ISBN 978-4-00-500847-6　　Printed in Japan

岩波ジュニア新書の発足に際して

きみたち若い世代は人生の出発点に立っています。きみたちの未来は大きな可能性に満ち、陽春の日のようにひかり輝いています。勉学に体力づくりに、明るくはつらつとした日々を送っていることでしょう。

しかしながら、現代の社会は、また、さまざまな矛盾をはらんでいます。営々として築かれた人類の歴史のなかで、幾千億の先達《せんだつ》たちの英知と努力によって、未知が究明され、人類の進歩がもたらされ、大きく文化として蓄積されてきました。にもかかわらず現代は、核戦争による人類絶滅の危機、貧富の差をはじめとするさまざまな人間的不平等、社会と科学の発展が一方においてもたらした環境の破壊、エネルギーや食糧問題の不安等々、来るべき二十一世紀を前にして、解決を迫られているたくさんの大きな課題がひしめいています。現実の世界はきわめて厳しく、人類の平和と発展のためには、きみたちの新しい英知と真摯《しんし》な努力が切実に必要とされています。

きみたちの前途には、こうした人類の明日の運命が託されています。ですから、たとえば現在の学校で生じているささいな「学力」の差、あるいは家庭環境などによる条件の違いにとらわれて、自分の将来を見限ったりはしないでほしいと思います。個々人の能力とか才能は、いつどこで開花するか計り知れないものがありますし、努力と鍛練の積み重ねの上にこそ切り開かれるものですから、簡単に可能性を放棄したり、容易に「現実」と妥協したりすることのないようにと願っています。

わたしたちは、これから人生を歩むきみたちが、生きることのほんとうの意味を問い、大きく明日をひらくことを心から期待して、ここに新たに岩波ジュニア新書を創刊します。現実に立ち向かうために必要とする知性、豊かな感性と想像力を、きみたちが自らのなかに育てるのに役立ててもらえるよう、すぐれた執筆者による適切な話題を、豊富な写真や挿絵とともに書き下ろしで提供します。若い世代の良き話し相手として、このシリーズを注目してください。わたしたちもまた、きみたちの明日に刮目《かつもく》しています。（一九七九年六月）